LES NAUFRAGÉS

28669. — PARIS, IMPRIMERIE LAHURE
9, rue de Fleurus, 9

F.-E. RAYNAL.

BIBLIOTHÈQUE DES ÉCOLES ET DES FAMILLES

F.-E. RAYNAL

LES NAUFRAGÉS

OU

VINGT MOIS SUR UN RÉCIF

DES ILES AUCKLAND

RÉCIT AUTHENTIQUE

ILLUSTRÉ DE 40 GRAVURES PAR A. DE NEUVILLE
ET ACCOMPAGNÉ D'UNE CARTE

Ouvrage couronné par l'Académie française

SEPTIÈME ÉDITION

PARIS

LIBRAIRIE HACHETTE ET Cie

79, BOULEVARD SAINT-GERMAIN, 79

Droits de traduction et de reproduction réservés.

A MA MÈRE

Chère et tendre mère.

Il y a bientôt un an, tu ne me croyais plus de ce monde; tu vivais dans la douleur, dans les larmes. Sans enfants, car moi, ton premier-né, j'étais le seul que la mort t'eût laissé, tu traînais tes derniers jours comme un fardeau.

Mère, console-toi, sèche tes pleurs, quitte tes habits de deuil. Dieu a entendu tes prières et il a eu pitié de nous. Contre toute espérance, ton fils est revenu.

Tu connais l'étendue de mon amour filial; mais, si grand qu'il puisse être, comment le comparer à ton amour maternel, à cette affection profonde, à ce tendre dévouement, à cette abnégation sans bornes qui sont, à mes yeux, quelque chose de divin?

Et pendant plus de vingt ans j'ai pu te quitter! J'ai pu mettre entre nous des abîmes : presque un quart de siècle et des milliers de lieues! Et pourquoi? Pour courir après la fortune et les aventures!

Toutefois sache-le : quand loin, bien loin de toi, le découragement était sur le point de s'emparer de mon âme, tu étais toujours mon bon ange gardien; il me semblait voir ton regard, à la fois si ferme et si doux, se fixer sur moi, entendre ta voix me dire :

Sois vaillant, mon fils, ne te laisse pas abattre, sois un homme! » Et mon accablement se dissipait, et je sentais renaître mon courage.

Ce livre contient le récit simple et vrai de la dernière épreuve que j'ai traversée, épreuve terrible dans laquelle il semblait que je dusse succomber, et d'où pourtant, par un miracle de la miséricorde divine, je suis sorti vainqueur. A qui le dédierais-je, sinon à toi ?

RAYNAL.

AU LECTEUR

Quand, revenu en France après vingt années d'une vie errante et au sortir d'une terrible aventure, j'ai osé entreprendre d'écrire ce livre, je n'avais ni ne pouvais avoir aucune prétention littéraire. La plume m'était moins familière que le pic, la hache ou le fusil. Je me suis donc borné à raconter avec simplicité, avec bonne foi, ce que j'avais vu, ce que j'avais fait, ce que j'avais ressenti dans une des épreuves les plus dures que la destinée puisse imposer à une créature humaine.

J'ai été très heureux, je l'avoue, de voir mon ouvrage favorablement accueilli du public. On l'a lu, on l'a jugé avec indulgence; j'ai reçu de nombreux et de bien précieux témoignages d'approbation. Si, après tant de malheurs, un dédommagement m'était réservé, je n'en pouvais souhaiter de plus doux que la sympathie de mes concitoyens.

Mais, je puis le déclarer, dans la satisfaction que me cause le succès de ce volume, tout n'est pas personnel : je me réjouis aussi de le voir se répandre, parce que je crois qu'il peut faire du bien. En décrivant mes infortunes et celles de mes compagnons, nos souffrances, nos luttes, nos efforts et enfin notre miraculeuse délivrance, j'étais animé par cette pensée intime que mon récit n'offrirait pas seulement une pâture à la curiosité des lecteurs, mais qu'il serait pour eux un utile enseignement.

J'espère ne pas me tromper : aux jeunes gens qui le liront, ce livre montrera combien il est important — à quelque condition que l'on appartienne — de s'instruire, de travailler, d'acquérir de bonne heure des connaissances qui plus tard, dans des circonstances impossibles à prévoir, peuvent devenir du plus grand secours et sans lesquelles on n'est capable ni de s'aider soi-même ni d'aider les autres.

A tous ceux qui ont à lutter contre les difficultés de la vie, il apprendra que, même dans les situations les plus cruelles et en apparence les plus désespérées, il ne faut jamais s'abandonner, et qu'à force de volonté, d'énergie et de confiance inébranlable dans la Providence, on parvient à lasser la mauvaise fortune et à en triompher.

LES NAUFRAGÉS
DES ILES AUCKLAND

INTRODUCTION

Si des aventures analogues à celles d'Alexandre Selkirk, illustré par Daniel de Foë sous le nom de Robinson Crusoé, un naufrage sur les côtes d'une île déserte, un séjour de près de vingt mois, avec quelques compagnons, sur ce rocher inhabitable, la nécessité où nous nous sommes trouvés de pourvoir par nous-mêmes à tous nos besoins, de créer toutes nos ressources, de nous défendre contre la rigueur du climat en fabriquant notre maison et nos habits, contre la famine par la chasse et la pêche, d'établir parmi nous une hiérarchie, une police pour maintenir l'ordre et la paix, c'est-à-dire de recommencer la civilisation dans les conditions les plus difficiles, enfin une heureuse délivrance, due non pas au hasard, mais à une ferme volonté, à des efforts persévérants ; si de tels faits paraissent au lecteur capables d'exciter la curiosité et l'intérêt, je n'ai pas besoin de me justifier plus longuement d'avoir pris la plume pour les raconter.

Il me semble qu'il ne sera pas possible de lire mon récit sans sentir plus vivement le bonheur de vivre dans sa patrie, au milieu de ses concitoyens, auprès de ses parents et de ses amis, sans jouir davantage et avec plus de reconnaissance des inappréciables bienfaits que la société et la civilisation nous prodiguent. S'il en est ainsi, j'aurai la satisfaction de penser que mon livre aura fait quelque bien.

Avant d'entrer en matière, il est indispensable que j'apprenne au lecteur par suite de quelles circonstances j'ai quitté mon pays et ma famille, et quelles aventures, déjà peu communes, ont précédé la grande épreuve qui a laissé dans ma vie des traces ineffaçables et à laquelle je ne puis songer sans une profonde émotion, sans un frémissement de tout mon être.

Je serai dans ce préambule aussi bref que possible, sans pourtant m'interdire d'insister sur quelques particularités qui occupent dans mes souvenirs une place plus importante et qui peut-être ne sembleront pas dénuées d'intérêt.

Je suis né à Moissac, dans le département de Tarn-et-Garonne. J'étais à peine entré dans ma quatorzième année quand un brusque revers de fortune vint changer la position de mes parents ; à l'aisance dont ils jouissaient succéda tout d'un coup la gêne. Ce malheur leur fut d'autant plus pénible qu'il détruisit en un instant tous les projets qu'ils avaient formés pour l'avenir de leurs enfants.

Ce fut avec de vifs regrets que je me vis contraint de quitter le collège de Montauban, où je faisais mes études, car j'avais déjà commencé à comprendre la nécessité de l'instruction pour qui veut faire son chemin dans le monde. Mon frère et ma sœur furent aussi retirés de leurs pensions, mais ils étaient encore trop jeunes pour s'affliger des tristes conséquences du désastre qui nous frappait.

Mon père, qui dans sa jeunesse avait étudié le droit et s'était destiné au barreau, avait pu, grâce à sa petite fortune, s'abstenir d'exercer une profession et suivre dans la retraite ses goûts simples et modestes. Mais le moment était venu pour lui de renoncer au repos, de s'appliquer à un travail productif, et il résolut d'aller habiter Bordeaux, où il lui serait plus facile que dans une petite ville d'employer utilement son activité. Ma mère, d'une admirable fermeté de caractère, nous donna à tous l'exemple de la résignation et du courage.

Pour moi, la vie de luttes et de privations où je voyais s'épuiser mes parents m'inspira un ardent désir de leur venir en aide. Alléger leur fardeau dans le présent et un jour rétablir leur fortune, telle était ma constante préoccupation. Pour y parvenir, je ne voyais qu'un seul moyen : c'était de m'embarquer, de me faire marin, d'aller chercher à l'étranger, au bout du monde, s'il le fallait, les ressources que la France ne pouvait m'offrir. J'avais entendu parler de personnes qui, après s'être expatriées ainsi, étaient revenues riches ou dans une large aisance. Pourquoi n'aurais-je pas le même bonheur? Peut-être aussi cette idée me souriait-elle d'autant plus que, depuis quelques années, j'avais puisé dans la lecture de certains livres un goût très vif pour les voyages et pour les aventures. Mes parents ne s'opposèrent pas à mon projet, dont je ne me lassais pas de leur démontrer la sagesse, et il fut convenu que je partirais comme mousse sur la *Virginie-et-Gabrielle*, trois-mâts de quatre cents tonneaux qui allait faire un voyage dans l'Inde et qui était commandé par le capitaine Loquay, un ami de mon père. Cet excellent homme promit de prendre soin de moi, de me diriger dans la carrière que j'avais choisie, et jamais promesse ne fut tenue avec une plus scrupuleuse fidélité. Le capitaine Loquay devint le meilleur de mes amis et son souvenir restera toujours gravé dans ma mémoire.

Ce fut dans la soirée du 25 décembre 1844 que je m'embarquai. Quelle date! quel moment! dire adieu à un père, à une mère tendrement aimés, s'arracher de leurs bras, s'y précipiter de nouveau, s'en dégager encore et s'enfuir, puis, quelques minutes après, se trouver seul, dans l'obscurité, sur le pont d'un navire qui appareille, le sentir se mettre en marche, quitter le port, s'éloigner de la terre et vous emporter dans l'inconnu! Non, de telles émotions ne peuvent se décrire.

Le lever du jour, le retour de la lumière raffermit mon cœur. La *Virginie-et-Gabrielle*, qui filait ses huit nœuds à l'heure, avait fait du chemin; la côte ne se dessinait plus que comme une mince ligne blanchâtre à l'horizon, et bientôt elle disparut tout à fait; la mer sans bornes m'environnait; la voûte céleste s'offrait pour la première fois à mes yeux dans toute son étendue; j'étais plongé de toutes parts dans l'infini. La grandeur de ce spectacle m'éleva au-dessus de moi-même; je me sentis pénétré d'un enthousiasme grave et solennel; la pensée de l'Être suprême, de l'auteur et du maître de l'univers, se présenta à mon esprit, et je fus irrésistiblement porté à invoquer sa protection ; je le priai avec ferveur. Depuis, dans tout le cours de ma vie, l'idée de la présence de Dieu, de sa puissance, ne m'abandonna jamais et ne cessa d'être mon recours. Il n'est pas possible que le marin, toujours en contact avec l'infini, toujours en rapport et souvent en lutte avec les redoutables forces de la nature, soit dénué du sentiment religieux.

Je ne tardai pas à faire connaissance avec les épreuves de la vie maritime. Je ne parle pas de ce mal aussi ridicule que douloureux qui est un effet des mouvements du navire et qui épargne rarement les novices — l'habitude et aussi la crainte de prêter à rire à mes compagnons me le firent assez promptement surmonter, — mais bientôt, dès le second jour, nous essuyâmes une tempête. Le vieil océan tenait sans doute à m'initier tout de suite aux caprices de sa changeante humeur, pour m'éviter plus tard les surprises. En quelques instants, une nuée ténébreuse nous enveloppa ; le vent se mit à souffler avec rage ; les flots s'élevaient en lames monstrueuses qui balayaient le pont et qui nous emportèrent trois de nos embarcations, ne nous laissant que la chaloupe. Accroché à l'un des haubans d'artimon, je vis avec effroi le charpentier se disposer à couper le grand mât. Nous nous relayions pour travailler sans cesse aux pompes. Chassé par le vent, couché sur le côté par d'incessantes rafales, qui ne lui permettaient pas un seul instant de se relever, le navire retournait en arrière ; nous nous attendions à aller nous briser sur les îlots et les récifs qui bordent les côtes de France ; nous nous croyions perdus.

Heureusement la tempête fut de courte durée ; nous pûmes de nouveau déployer nos voiles et nous reprîmes notre course vers l'équateur, par un temps qui ne cessa plus d'être favorable. Cent quatre jours après notre départ de Bordeaux, nous arrivâmes à l'île Bourbon (aujourd'hui île de la Réunion). De là nous fîmes successivement deux voyages dans l'Inde, durant lesquels nous visitâmes Pondichéry et les principaux ports de la côte de Coromandel, puis nous retournâmes en France. Comme le capitaine Loquay relâcha à Sainte-Hélène, j'eus l'idée d'y recueillir quelques reliques du tombeau de Napoléon, des fragments de pierre et un rameau du fameux saule; je savais que ces débris seraient de précieux trésors pour mon grand-père, bon vieillard qui avait fait autrefois toutes les campagnes de la République et de l'Empire, qui, dans sa première enfance, m'avait si souvent transporté d'enthousiasme par ses dramatiques récits et dont, en dépit du temps et du renouvellement des choses, l'âme était restée attachée tout entière aux souvenirs grandioses du passé.

Je laisse à penser avec quel battement de cœur, après dix-sept mois de navigation, je revis le rivage de la France. Monté dans le haut de la mâture, j'aperçus le premier le pays bien-aimé où mes parents m'attendaient. Je les retrouvai, non pas à Bordeaux, mais à Paris, où ils s'étaient fixés. Je me sens aussi impuissant à décrire la joie du retour, les caresses échangées, les tendres épanchements, l'impétueux feu croisé des questions et des réponses, que je l'ai été à exprimer la douleur des adieux.

Pendant six mois je goûtai la douceur de vivre à Paris, au milieu de ma famille. Durant ce temps de repos je repris mes études interrompues. Toutefois je ne perdis pas de vue mes projets et je ne laissai pas échapper l'occasion de les poursuivre. Un matin M. Loquay m'écrivit que les armateurs pour lesquels il naviguait venaient de lui confier un nouveau bâtiment, la *Diane*, la *Virginie-et-Gabrielle* étant hors d'état de reprendre la mer, et qu'il allait partir pour un voyage aux Antilles.

Je répondis à son appel, et, six semaines après, j'étais à la Guadeloupe, où nous ne restâmes que peu de temps. Durant le retour je réfléchis à ma position. Mon apprentissage de marin était fait, mais je n'entrevoyais qu'à l'horizon le plus lointain la perspective d'obtenir à mon tour un commandement, qui seul pouvait me procurer les ressources que j'ambitionnais. Je résolus donc de renoncer, du moins pour quelque temps, à l'état de marin, et de m'établir dans une colonie, où je trouverais plus facilement et surtout plus promptement les moyens d'atteindre mon but. Trois jours après mon retour à Bordeaux, sans avoir eu le temps d'aller à Paris embrasser mes parents, je pris congé de M. Loquay, qui approuvait ma détermination, et je m'embarquai sur la *Sirène*, beau trois-mâts nouvellement lancé, commandé par le capitaine Odouard, et qui faisait voile pour l'île Maurice.

Je partais plein de courage, plein d'espérance. J'étais bien loin de prévoir quelle longue suite d'années, semée de rares succès et de nombreux revers terminés par une catastrophe inouïe, s'écoulerait avant que je pusse revoir ma famille et la France. Ah! si j'avais su que, pendant mon absence, la mort devait faucher les deux plus jeunes têtes de notre maison, que je laisserais mon père et ma mère vieillir dans l'isolement, dans la désolation : car, ne recevant plus de nouvelles de moi, ils n'espéraient pas me revoir, ils croyaient aussi m'avoir perdu!... Grâces pourtant soient rendues à Dieu, qui, après tant d'épreuves, m'a fait sortir de la tombe, en quelque sorte, pour adoucir par ma présence les derniers jours de mes parents et les indemniser, par mes soins et ma tendresse, de vingt années d'abandon et de chagrin !

La première expérience que je fis en arrivant à Maurice fut d'apprendre à ne pas trop compter sur l'efficacité des lettres de recommandation. N'ayant pas de temps à perdre, je renonçai à attendre le bon effet de celles dont j'étais muni, et me mis moi-même en quête d'un emploi. J'en trouvai un dans une des plus belles plantations de l'île, et, quand je me fus initié pendant deux ans à la vie de planteur, à tout ce qui concerne la culture de la canne et la fabrication du sucre, j'osai accepter — quoique j'eusse à peine vingt ans — une place de régisseur dans un établissement du même genre. J'avais une lourde responsabilité et ma vie était excessivement occupée. J'étais obligé de me lever tous les jours à deux heures et demie du matin pour faire allumer les feux à l'usine, et je ne pouvais guère me retirer avant neuf ou dix heures du soir, après qu'ils étaient éteints. Il me fallait avoir l'œil à tout, être dans les champs avec les coupeurs, à la sucrerie pour surveiller la cuisson, l'emballage ou l'expédition du sucre, sur les bords de la mer pour faire embarquer les marchandises, au magasin pour la distribution des rations, à l'écurie, aux moulins, en cent lieux divers où j'avais des hommes, dont j'étais seul à diriger le travail. J'étais si fatigué le samedi soir, que je défendais souvent à mon domestique hindou de me déranger le lendemain, même pour mes repas, ayant besoin de repos plus que de toute autre chose. Il m'est arrivé plus d'une fois de dormir ainsi vingt-quatre heures de suite.

Malgré ces fatigues et malgré quelques difficultés que j'eus avec mes *coulis* (ouvriers hindous), gens récalcitrants et prompts à l'insubordination, — un jour je fus obligé de me battre corps à corps avec l'un d'eux pour châtier son insolence; une autre fois j'eus à défendre ma vie contre une bande de rebelles, et dans ces deux circonstances je dus la victoire et le rétablissement de mon autorité au sang-froid, à la résolution que je sentis la nécessité de déployer, — malgré ces inconvénients, j'étais heureux de ma position, je voyais avec satisfaction les affaires de la plantation prospérer, j'étais dans les meilleurs rapports avec le propriétaire, descendant d'une noble famille française émigrée, homme aussi distingué d'esprit que généreux de cœur, tout allait bien pour moi.... A ce moment, deux incidents survinrent qui, le premier en me décourageant du présent, le second en faisant miroiter à mes yeux un brillant avenir, changèrent ma vie et me précipitèrent de nouveau dans l'inconnu.

L'événement qui altéra mes bonnes dispositions fut une épidémie de fièvre typhoïde, la plus violente que j'aie vue de ma vie. Elle se propagea dans le pays avec une effrayante rapidité et décima la population. Notre plantation fut extrêmement maltraitée. Pendant les premiers temps nous perdîmes une dizaine d'hommes en moyenne par jour. Enfin le mal décrut, mais, épuisé par les fatigues et les émotions que j'avais supportées, je fus moi-même atteint. Quoique guéri, je demeurai longtemps affaibli de corps et d'esprit, et j'attribuai mon état de malaise à l'insalubrité du climat de Maurice.

L'autre événement était d'une tout autre nature et m'ouvrait de plus riantes perspectives. A cette époque (c'était en 1852, il y avait trois ans que j'exerçais mes fonctions de régisseur), une grande nouvelle se répandit dans le monde : celle de la découverte de l'or en Australie. Elle nous fut apportée à Maurice par un navire qui venait de Sydney. Dès lors les montagnes Bleues, Ophir, Victoria, devinrent le sujet de toutes les conversations, le point de mire de toutes les ambitions, de toutes les convoitises. On ne parlait que d'énormes fortunes faites en quelques jours; de morceaux d'or pesant cinquante, cent livres, trouvés à la surface du sol ou à peu de profondeur; de pauvres gens, laboureurs, ouvriers, matelots, menant à leur retour une vie de grand seigneur, répandant l'or à pleines mains, se livrant, dans leur ivresse, aux plus folles extravagances, celui-ci commandant un bain de pieds au vin de Champagne, celui-là allumant son cigare avec une bank-note qui aurait fait vivre dans l'aisance pendant plusieurs mois une famille entière; d'une incessante marée humaine venant de tous les points du globe et affluant en Australie; de magnifiques navires restés sans maître dans les ports de Sydney et de Melbourne, abandonnés qu'ils étaient par l'équipage, par les officiers, par le capitaine lui-même, tous partis pour les mines d'or. Il est vrai qu'on parlait aussi de déceptions amères, de souffrances inouïes, de misères mortelles; mais ce n'étaient là que quelques ombres à l'éblouissant tableau qui fascinait tous les yeux.

Après quelques hésitations je me décidai à renoncer à mon emploi de régisseur, à quitter l'île Maurice et à aller, comme tant d'autres, tenter la fortune en Australie. Je partis, en février 1853, sur un mauvais petit bâtiment qui, cinquante-six jours après, me déposa à Port-Philipp. Dès que j'eus mis le pied sur le sol australien, je sentis la nécessité de savoir l'anglais avant de m'y établir, et je passai deux mois à apprendre cette langue sur un paquebot qui faisait le service entre Sydney et Melbourne. Mon débarquement dans cette dernière ville ne fut pas heureux. Notre navire, en entrant dans le port, le soir, par un brouillard épais, donna sur un écueil, et, jeté sur le flanc par la violence du choc, ne put se relever. Ce fut à bord une effroyable confusion. Les brisants se mirent de la partie; ils balayèrent notre pont et nous emportèrent deux hommes, un des matelots et le cuisinier; tous deux furent noyés. De nouveaux chocs se succédèrent rapidement, une énorme voie d'eau s'ouvrit sur l'avant et le navire sombra. Heureusement la mer n'était pas profonde en cet endroit; une partie du grand mât, avec la grande hune, resta hors de l'eau, à une quinzaine de pieds au-dessus des flots; nous y grimpâmes et y demeurâmes accrochés pendant toute la nuit. Ces quelques heures nous parurent des siècles; nous regardions avec une

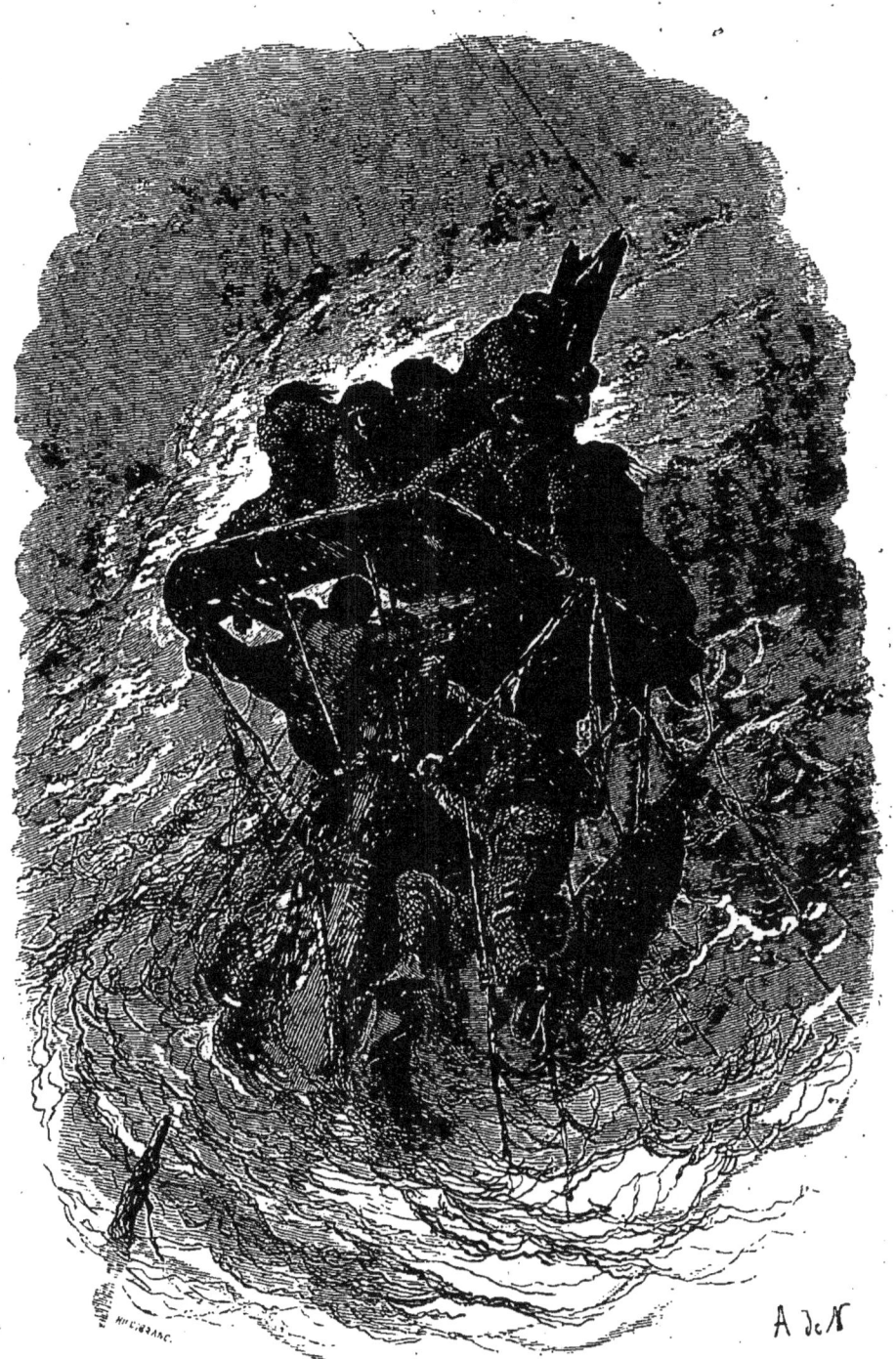

Nous demeurâmes accrochés au grand mât pendant toute la nuit.

indicible anxiété les grosses lames qui bondissaient vers nous, craignant à chaque instant que l'une d'elles, plus monstrueuse que les autres, ne vînt nous arracher de notre dernier refuge. Enfin le jour vint, un vapeur nous aperçut, nous recueillit dans un canot et nous débarqua à Melbourne. Le surlendemain, je prenais la route des mines.

Je passai onze années en Australie, les trois premières dans les *placers* de la province de Victoria, les huit autres dans ceux de la Nouvelle-Galles du Sud, principalement sur les bords de la rivière Turon et de ses tributaires. Je ne puis me plaindre d'avoir été moins favorisé que la plupart des autres mineurs; je trouvai assez d'or pour couvrir mes dépenses et même pour avoir quelque avance qui me permettait de faire face aux besoins imprévus. Toutefois mon but n'était pas atteint; je ne voulais revenir dans ma famille qu'après m'être mis en état de vivre avec elle dans l'aisance. Quelquefois je perdais courage, mais toujours, au moment où je désespérais, il arrivait qu'une trouvaille plus heureuse, la découverte d'un filon qui promettait des trésors, me rendait l'espoir et m'engageait à persévérer. Peut-être fus-je trop ambitieux. Peut-être eus-je moins de sagesse qu'un brave matelot irlandais qui, pendant toute la durée de mon séjour aux mines de Victoria, fut mon fidèle compagnon, mon ami dévoué. L'honnête Mac-Lure, lui, n'avait qu'un but, c'était d'amasser une somme d'argent suffisante pour retourner dans sa patrie, y devenir propriétaire d'une petite ferme et y fonder une famille. Durant nos heures de repos, sous notre tente, tout en faisant rôtir sur la braise nos côtelettes de mouton ou en fumant nos pipes, il me parlait de ses projets, il me traçait le tableau de son futur bonheur, quand, dans les soirées d'hiver, assis au coin de son feu entre sa vieille mère et sa femme, il raconterait ses aventures à ses enfants grimpés sur ses genoux, en buvant à petits coups un bon verre de grog. Et mon brave Mac-Lure a vu son rêve se réaliser. Quelques années plus tard — j'étais alors dans les vallées des montagnes Bleues — je reçus de lui une lettre, écrite d'Irlande, où il m'annonçait qu'il possédait la petite ferme tant souhaitée, que sa mère vieillissait en paix sous son toit, qu'il avait trouvé une femme à son gré, que le verre de grog ne lui faisait pas défaut et qu'il avait tout lieu d'espérer que les enfants ne tarderaient pas à venir.... Il était heureux ! la modestie de ses goûts était récompensée.

Sur cette longue période de ma vie, les souvenirs fourmillent par milliers dans ma tête; ils rempliraient à eux seuls un volume (peut-être rédigerai-je ce volume et l'offrirai-je un jour au public). Je me bornerai à rapporter ici trois circonstances où je faillis périr et qui donneront une idée des dangers de toute espèce auxquels sont exposés les chercheurs d'or.

Les deux premières se rapportent à mes débuts dans la vie de mineur. J'étais établi avec Mac-Lure dans le placer de Forest-creek, au pied du mont Alexandre, vaste vallée dont le sol était couvert d'une multitude de petites tentes de toile blanche et creusé d'innombrables trous auxquels travaillaient quarante ou cinquante mille mineurs. Un jour, après m'être épuisé à piocher dans mon trou, puis à passer et à laver ma terre, dévoré de soif, et n'ayant plus de thé, notre boisson habituelle, ni même d'eau bouillie, j'eus l'imprudence de boire avidement de l'eau vaseuse du creek. Je fus immédiatement comme foudroyé par une atteinte de choléra. En proie à des tortures insupportables, pensant qu'un remède violent ou me sauverait ou mettrait promptement fin à mes souffrances en précipitant la marche du mal, j'avalai un grand verre d'eau-de-vie dans lequel j'avais jeté une cuillerée de poivre.... Je guéris. — Peu de temps après, nous fûmes menacés, Mac-Lure et moi, d'un malheur qui eût été pour nous bien pire que la perte de la vie : nous faillîmes devenir aveugles. Tandis que nous travaillions au lavage de la terre aurifère, des essaims de mouches, d'une malignité et d'une opiniâtreté intolérables, ne cessaient de nous piquer le visage et surtout les yeux, et nous ne pouvions nous empêcher de les chasser avec nos mains mouillées d'eau boueuse. Cette boue, en pénétrant dans nos yeux, y détermina une telle inflammation qu'il nous devint impossible de les ouvrir. Forcé nous fut donc de rester jour et nuit cloués sur nos grabats, dans une complète inaction. Je ne puis dire les souffrances physiques et morales que j'endurai pendant les neuf jours que je fus privé de la vue. Je me croyais devenu aveugle pour toujours, les

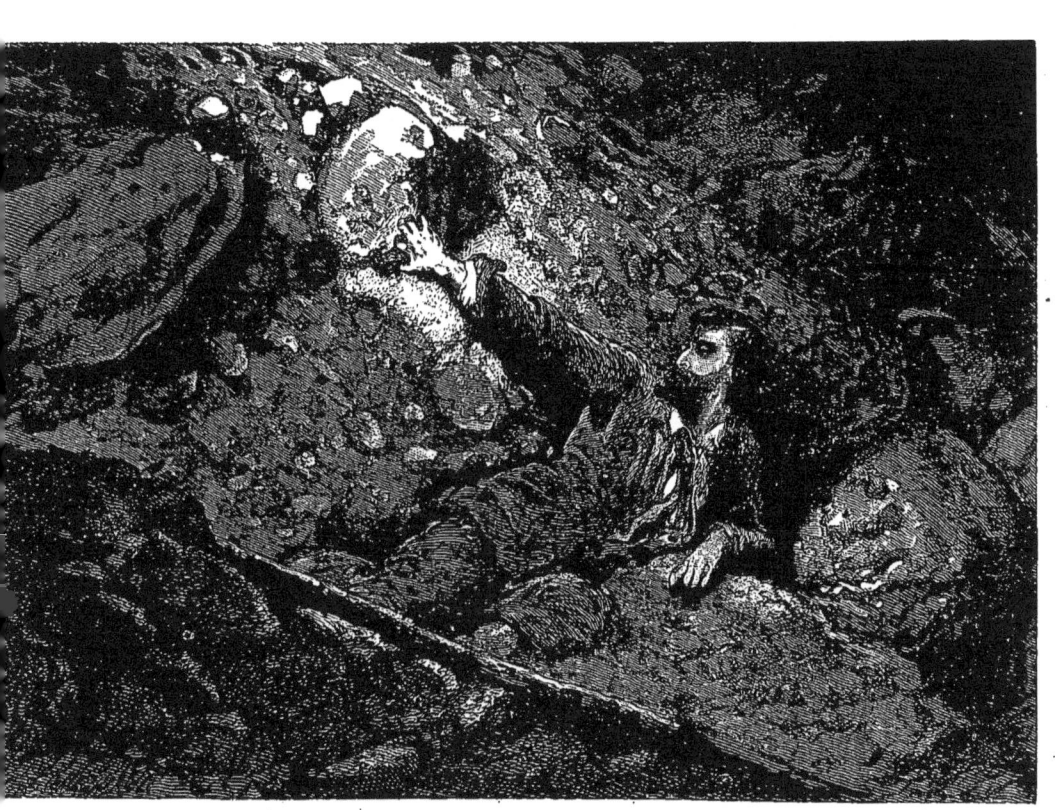

Une partie de la voûte s'effondra sur moi. (Voir p. 25.)

cas de cécité n'étant pas rares parmi les mineurs; je me voyais abandonné à moi-même, incapable de gagner ma vie, perdu dans ce vaste pays à demi-sauvage où, plus que partout ailleurs, l'homme a besoin de toutes ses facultés. Je désirai la mort, je l'appelai de tous mes vœux. Mon égarement devint tel, qu'un moment je songeai à me la donner moi-même; je cherchai mon revolver, qui était ordinairement caché sous mon oreiller.... Si Mac-Lure, qui avait eu peur des folles inspirations de mon désespoir, n'avait pris la précaution de l'ôter, je me serais probablement suicidé!... Je remercie Dieu de m'avoir, par l'attentive sollicitude d'un ami, épargné le malheur de paraître devant lui chargé d'un aussi grand crime.

Le troisième accident, auquel je m'étonne encore de n'avoir pas succombé, m'arriva à la fin de mon séjour en Australie. J'étais alors occupé à exploiter Palmers-Oackey-creek, un des affluents de la rivière Turon. Un jour, les hommes que j'employais venaient d'interrompre leurs travaux pour aller prendre le repas de midi, et je me disposais à en faire autant, quand l'idée me vint d'entrer dans une excavation que je faisais creuser sur un des côtés de la montagne, pour m'assurer s'il ne serait pas prudent d'en étayer l'intérieur avec de nouveaux piliers. Je n'y eus pas plus tôt pénétré qu'une partie de la voûte s'effondra sur moi. Je fus renversé et à moitié enseveli sous la masse des décombres. Je criai, mais inutilement : mes hommes étaient trop loin pour pouvoir m'entendre. Je me crus condamné à mourir là, emprisonné, étouffé, presque écrasé. Mais heureusement la terre qui s'était éboulée était molle et friable; en essayant de me débattre, je sentis qu'elle cédait; je redoublai d'efforts, et peu à peu je réussis à me dégager, à sortir de mon tombeau. Je rejoignis mes compagnons, me traînant, me soutenant à grand'peine, souffrant beaucoup, à demi mort. Je n'avais pas de membre cassé, mais sans doute la force de la pression avait causé quelque lésion interne, car je fus longtemps malade. Je dus prendre le parti de retourner à Sydney, où je ne me rétablis qu'après un traitement de huit mois.

Telles sont, racontées en peu de mots, les diverses circonstances que je traversai avant le terrible événement qui fut le dernier épisode de ma vie aventureuse et dont le récit détaillé fera le sujet de ce livre.

CHAPITRE I

BUT DE NOTRE EXPÉDITION. — LA GOÉLETTE « GRAFTON ». LE DÉPART.

C'était en 1863. J'étais à Sydney, guéri enfin des suites de l'accident que je viens de raconter, mais découragé par les fatigues trop peu récompensées de la rude vie que je menais depuis onze ans dans les mines, et n'ayant plus qu'un désir, celui de revoir la France et mes parents. J'étais parfaitement décidé à quitter l'Australie et je songeais déjà au départ, quand une proposition me fut faite, qui changea tout à coup mes plans et me jeta dans de nouveaux hasards.

Un de mes amis, Charles Sarpy, que j'avais connu autrefois en France et que j'avais retrouvé établi à Sydney, où il faisait, avec un autre négociant, le commerce des draperies, me communiqua un projet qu'il avait conçu depuis peu et que ni lui ni son associé n'avaient encore confié à personne. Il me déclara en même temps qu'il ne le mettrait à exécution qu'à la condition que j'y prisse part. Voici de quoi il s'agissait :

Il avait des raisons sérieuses de croire à l'existence d'une mine d'étain argentifère dans l'île Campbell, située au-dessous de la Nouvelle-Zélande, dans le Grand Océan austral. Il pensait que cette île, qui n'est pas très grande, serait facile à explorer, et il comptait sur moi et sur l'expérience que j'avais acquise pour découvrir la mine. Son idée était que je partisse au commencement de la belle saison, actuelle, sur un petit bâtiment, pour aller visiter l'île, où, si je ne découvrais pas de mine, je trouverais du moins, assurait-il, une grande quantité de phoques, dont l'huile et les fourrures ont beaucoup de valeur. De toute manière, nous pourrions y fonder un établissement destiné à exploiter l'une ou l'autre de ces industries, et même toutes les deux s'il y avait lieu. En cas de succès, je devais me hâter de revenir à Sydney, d'abord pour être le premier à demander au gouvernement australien la concession de cette île, et en second lieu pour repartir au plus vite avec les hommes et tout le matériel nécessaires, avant l'arrivée de la mauvaise saison. Ensuite, je resterais dans l'île pour diriger les travaux en qualité d'administrateur de la colonie. « Dans tous les cas, me dit en terminant Sarpy, quand même l'expédition n'aurait aucun succès, qu'est-ce pour toi que quelques mois, deux ou trois tout au plus, à ajouter à de si longues années d'absence? »

Connaissant le caractère de Sarpy et avec quelle facilité il s'enthousiasmait, je lui demandai à réfléchir sur sa proposition. J'y songeai tout le reste du jour. Quel que fût mon désir de revoir ma famille et mon pays après un exil de dix-sept années, l'espoir de réaliser enfin de sérieux bénéfices, de conquérir une fortune, me séduisit. Il avait raison d'ailleurs : si nous ne réussissions pas, il n'en résulterait pour moi qu'un retard de trois mois; tandis que, si j'obtenais le succès que nous nous promettions, je retournerais dans ma patrie un an ou peut-être deux ans plus tard, mais avec une brillante position. Ces considérations l'emportèrent et je résolus d'accepter l'offre qui m'était faite.

J'allai le lendemain matin annoncer ma décision à ces messieurs, mais je leur fis observer qu'ayant cessé depuis longtemps de naviguer, je ne voudrais pas me charger en cette occasion du commandement du navire, préférant n'occuper que le rang de second durant le temps que nous serions sur mer; qu'au reste, après avoir fondé l'établissement à la tête duquel je devais rester, il nous faudrait quelqu'un pour aller et venir entre Sydney et l'île Campbell, nous apporter nos provisions et remporter nos produits. Je croyais par conséquent nécessaire de choisir dès le début une personne en qui nous pussions avoir toute confiance et que, pour plus de garantie, nous associerions à notre entreprise.

Ces messieurs partagèrent mon avis et nous nous adressâmes à M. Musgrave, capitaine au long cours. C'était un Américain, âgé d'une trentaine d'années, qui était venu s'établir avec sa famille à Sydney, auprès de son oncle, l'associé de Sarpy.

Le capitaine Thomas Musgrave était un très bon officier, un excellent navigateur, qui avait fait plusieurs voyages entre Sydney et la Nouvelle-Zélande, et qui par conséquent connaissait bien ces régions. Nous lui proposâmes de prendre le commandement du navire dont nous aurions besoin pour notre entreprise, non avec des appointements comme étant à notre service, mais à titre d'associé, ayant droit, ainsi que chacun de nous, à un quart des profits. Comme il était sans emploi, il accepta avec empressement, et dès le lendemain lui et moi nous nous mîmes à la recherche d'un bâtiment. Au bout de trois semaines nous en trouvâmes un qui nous parut convenir à nos vues.

Le *Grafton* était une petite goélette, peu longue de quille, mais qui, grâce à ses flancs proportionnellement larges, pouvait porter de soixante-quinze à quatre-vingts tonneaux de marchandises sans être trop chargée. Elle venait de faire une série de voyages entre Sydney et New-Castle; elle avait servi à transporter de la houille, dont l'exploitation est la principale industrie de ce dernier port, situé sur la même côte que Sydney, à environ cent vingt kilomètres au nord.

Dans le fond de sa cale, près de la quille, le *Grafton* avait une quinzaine de tonneaux de lest, composé principalement de vieille fonte de fer; au-dessus on avait établi un solide plancher, qui, tout en maintenant le lest à sa place, permettait de charger et de décharger plus commodément le charbon. Ce lest suffisait pour assurer l'équilibre de la goélette lorsqu'elle retournait vide de marchandises à New-Castle, où elle faisait ordinairement un voyage par semaine.

Néanmoins, pour notre expédition, où nous aurions probablement affaire à des coups de vent et à des mers fort grosses, nous crûmes devoir ajouter encore dix tonneaux de lest (c'étaient des blocs de grès, pierre très commune à Sydney), outre vingt futailles, que nous arrimâmes soigneusement sur le plancher au fond de la cale, après les avoir remplies d'eau. Elles étaient destinées à recevoir de l'huile de phoque, notre intention étant d'employer l'équipage à en recueillir une certaine quantité, ainsi que des peaux de ces animaux, pour couvrir autant que possible les frais de ce premier voyage, tandis que, de mon côté, je serais occupé à explorer l'île et à chercher la mine d'étain.

Nous devions aussi, si nous en avions le temps, jeter en passant un coup d'œil sur les îles Verte et Macquarie, ainsi que sur les Auckland, afin de nous assurer de la présence des phoques dans ces parages, pour aller plus tard les chasser s'il y avait lieu.

Après avoir mis à bord une quantité de provisions qui devait suffire à une absence de quatre mois; et engagé deux matelots et un cuisinier — ce dernier nous servirait de domestique, et, au besoin, aiderait à la manœuvre; — nous fîmes nos adieux, Musgrave et moi, à nos associés.

Dans cette dernière entrevue nous réglâmes un point important : comme nous allions nous aventurer sur une mer dangereuse, où les tempêtes règnent presque continuellement, et que nous aurions à entrer dans des ports peu connus, indiqués d'une manière très vague sur les cartes générales, les seules que nous eussions, il ne fallait pas se dissimuler que nous serions exposés à plus d'un péril, particulièrement à un naufrage sur quelque côte déserte. Le cas échéant, il faudrait nous venir en aide, autant que possible. Si donc nous n'étions pas revenus dans quatre mois au plus tard, nos amis devaient envoyer à notre recherche; et s'ils manquaient des ressources nécessaires pour armer un autre navire, ils feraient une demande à cet effet au gouvernement de la Nouvelle-Galles du Sud : celui-ci, nous n'en doutions pas, enverrait un des vaisseaux de guerre de la station ou bien prendrait les mesures qu'il jugerait convenables pour s'informer de notre sort.

Nos associés ayant pris l'engagement que nous leur demandions, Musgrave alla embrasser sa femme et ses enfants, tandis que je me rendais à bord du *Grafton* pour faire commencer l'appareillage. Une heure après, Musgrave m'avait rejoint, nous levâmes l'ancre, et, le cœur rempli d'espérance, nous fîmes voile pour l'île Campbell. C'était le 12 novembre 1863.

Je noterai ici — ce détail n'est pas sans importance — que j'emportai un excellent fusil de chasse à deux coups qui, pendant de longues années, avait été mon fidèle compagnon de voyage. J'avais d'abord eu l'intention de le laisser à Sydney, mais je me ravisai en songeant que j'aurais sans doute l'occasion de m'amuser à tirer quelques canards sauvages dans les îles que j'allais visiter. Je pris aussi environ deux livres de poudre, une dizaine de livres de plomb et des capsules. Cette arme et ces munitions devaient m'être un jour d'une utilité que j'étais bien loin de prévoir.

CHAPITRE II

MES COMPAGNONS DE VOYAGE. — UN COUP DE MER.
ARRIVÉE A L'ILE CAMPBELL.

Les derniers mots du pilote en nous quittant furent : « Good speed you, gentlemen, and take care, we shall soon have a southerly burst. » (Dieu vous guide, messieurs, et prenez garde, nous aurons bientôt une bourrasque du sud.) En effet, environ une heure après, nous la vîmes s'avancer, noire et menaçante. Elle nous donna à peine le temps de mettre la goélette en état de la recevoir. En un instant elle nous eut pris nos coiffures : casquettes et chapeaux s'envolèrent à la mer à qui mieux mieux. Une fois le premier grain passé, la brise se modéra et resta au sud le reste de la nuit et toute la journée du lendemain.

Pendant que le vent contraire s'oppose à notre marche et nous oblige à louvoyer, je demande au lecteur la permission de lui présenter mes compagnons de voyage, que la suite de ce récit mettra souvent en scène.

J'ai déjà parlé de Thomas Musgrave, notre capitaine, qui, j'eus bientôt l'occasion de le reconnaître, à ses qualités d'excellent marin joignait celles, non moins éminentes et non moins précieuses pour nous, d'homme d'esprit et de cœur.

George Harris, l'un de nos matelots, était un Anglais d'une vingtaine d'années, garçon simple jusqu'à la naïveté, aussi brave que vigoureux, connaissant déjà assez bien son métier, et ayant reçu une certaine éducation. Musgrave l'avait choisi pour faire le quart avec lui.

L'autre matelot, Alexandre Mac-Larren, que nous nommions Alick, faisait le quart avec moi. C'était un Norvégien, d'environ vingt-huit ans, d'un caractère taciturne, ne riant presque jamais, ne sachant ni lire ni écrire mais obéissant, soumis, et parfait marin.

Henri Forgès notre cuisinier, que nous n'appelions jamais autrement que Harry, était un Portugais, âgé de vingt-trois ans, petit, trapu et très laid. Il devait cette laideur à une maladie, espèce de lèpre, qui lui avait rongé presque entièrement la partie la plus apparente du visage; son nez n'était plus qu'une cicatrice.

L'histoire de ce garçon est curieuse. Parti dès l'âge de treize ans, comme mousse, sur un navire baleinier américain qui avait touché aux Açores, son pays natal, il avait navigué pendant plusieurs années. Mais quand il fut devenu malade, se voyant maltraité de ses compagnons qui le fuyaient ou le repoussaient avec horreur, il demanda avec instance à son capitaine d'être mis à terre dans une des îles de la Polynésie. Il fut déposé en effet sur une de celles dites des Navigateurs. Ce groupe, situé à environ quinze cents lieues du cap York, l'extrême pointe septentrionale du continent australien, est habité par des sauvages qui pratiquent encore l'anthropophagie. Là il resta plusieurs années et il guérit de son mal. Fatigué enfin de la vie sauvage et désireux de quitter un endroit où il subissait une sorte de captivité, il appelait la délivrance de tous ses vœux.

A l'insu des naturels, il avait disposé sur un monticule, au bord de la mer, des signaux qu'il allait de temps en temps visiter en cachette. Un matin, il aperçut un navire qui s'avançait dans la direction de l'île.

Le capitaine, ayant distingué, à l'aide de sa longue-vue, un blanc qui arborait des signaux de détresse, fit mettre un canot à la mer pour aller le recueillir. Tout à coup on vit ce blanc se jeter à l'eau et nager vigoureusement du côté de l'embarcation. L'étonnement cessa lorsqu'on aperçut une bande de naturels accourant vers le rivage, probablement à la poursuite de l'Européen. Arrivés au bord de la mer, quelques-uns des sauvages lui lancèrent des flèches, dont une l'atteignit à l'épaule et arrêta presque sa fuite, tandis que plusieurs autres, armés de lances et de casse-tête, se précipitèrent dans les flots et

| M. Ed. Raynal, | M. Th. Musgrave, | Mac-Larren, | George Harris, | Henri Forgès, |
| Français. | Américain. | Norvégien. | Anglais. | Portugais. |

L'ÉQUIPAGE DU GRAFTON.

continuèrent à le poursuivre à la nage. A cette vue les rameurs redoublèrent d'efforts et furent assez heureux pour arriver les premiers et pour soustraire le fugitif à ses ennemis, qui n'étaient plus qu'à quelques brassées de lui. Épuisé par l'émotion et par la souffrance que lui causait sa blessure, il fut recueilli et placé dans l'embarcation. Avec quelques coups de gaffe et d'aviron, les matelots eurent bientôt raison des nageurs, qui, voyant leur proie leur échapper, se hâtèrent de retourner au rivage en poussant des cris de fureur.

Harry, après avoir été employé comme aide de cuisine sur le navire qui l'avait sauvé, fut débarqué à Sydney, où nous l'engageâmes dans notre expédition.

Ainsi nous étions cinq, tous appartenant à des nationalités différentes, un Américain, un Anglais, un Norvégien, un Portugais et un Français (j'étais ce dernier). Toutefois nous nous entendions parfaitement, sachant tous la langue anglaise, qui fut la seule usitée entre nous.

Mes compagnons étaient tous habitués à la mer, mais j'étais le seul, parmi nous, qui eût mené la vie de pionnier, pendant de longues années, dans un pays non civilisé, comme l'intérieur de l'Australie, rude école où l'on apprend à ne compter que sur soi, à tout tirer de sa propre industrie, à lutter sans cesse contre une nature encore vierge et rebelle. Si les difficultés avec lesquelles il faut se mesurer sont peu propres à nous donner de l'orgueil, on y acquiert néanmoins une virile confiance en soi-même qui nous prépare à affronter avec calme tous les hasards.

On verra bientôt combien j'eus à me féliciter des épreuves par lesquelles j'avais passé. Je reconnus alors que je n'avais pas payé trop cher une expérience qui fut si utile à moi et aussi, je crois pouvoir le dire, à mes compagnons, dans les conditions exceptionnelles où nous fûmes jetés.

Je reprends mon récit, en citant, tels que je les écrivis jour par jour, quelques feuillets de mon journal :

Vendredi 13 novembre. Le vent continue à souffler du sud, mais léger.

14. Brise modérée venant du nord. Le temps est beau, et la goélette,

filant ses cinq nœuds à l'heure, glisse, sans mouvement sensible, sur la surface de la mer unie comme un lac.

15. Deux heures du matin. Calme. Au sud, le temps paraît menaçant, il est clair au zénith. Le baromètre baisse. Une véritable pluie de météores, allant du N.-N.-O. au S.-S.-E., a commencé à tomber et à continué jusqu'au jour. Spectacle splendide. A six heures, la brise, tournant au sud, nous a forcés à louvoyer.

16. Brise N.-N.-E., allant graduellement en augmentant. Nous marchons le cap tourné au S.-E. A bord tout est bien.

17. Même allure, même brise, augmentant toujours.

18. Bourrasque de l'ouest. La mer devient grosse; toutes les petites voiles sont serrées et deux ris sont pris dans le hunier. Position de la goélette à midi : 40° 16' de latitude sud et 152° 26' est du méridien de Paris.

10 heures du soir. Vent violent. La mer est devenue très forte. Les lames tombent à bord à chaque instant et l'eau pénètre partout, car le pont du petit bâtiment n'est pas très bien joint. Nos lits en sont tout trempés.

10 heures 1/2. Le ciel est noir. On ne voit qu'un étroit horizon éclairé par la phosphorescence d'une mer agitée. Les nuages, fort bas, passent au-dessus de nous avec une rapidité vertigineuse. Ils sont à chaque instant sillonnés par des éclairs livides; la pluie fouette, une pluie glacée. De temps en temps le tonnerre mêle sa voix formidable aux mille bruits sinistres dont les vents et les flots en fureur nous assourdissent.

Je fais mon quart. J'aperçois Musgrave dans la cabine, assis auprès de la table, la tête appuyée sur ses bras. Je viens de prendre la barre des mains d'Alick, qui la tenait depuis le commencement du quart.

Il est onze heures. Ébloui par les éclairs qui se succèdent presque sans interruption, j'ai peine à distinguer la boussole dans l'habitacle. Tout à coup je suis renversé et lancé au loin par un choc violent. C'est un coup de mer qui a frappé la goélette, enlevé une partie de son bastingage et fait changer le lest de place. Le bâtiment penche sur un côté sans pouvoir se redresser. — Un peu meurtri et ruisselant d'eau salée, je me relève et cours saisir de nouveau la barre. — Musgrave

Harry fut recueilli et placé dans l'embarcation.

monte à la hâte, Alick est auprès de lui, et les deux autres, sortis du gaillard d'avant, accourent. A eux quatre, ils maîtrisent et serrent la grande voile, tandis que la goélette obéit, doucement d'abord, puis avec rapidité, à l'impulsion du gouvernail, dont je viens de mettre la barre au vent. Maintenant elle s'élance comme une folle à travers les vagues, et fuit devant la tempête, allant sept nœuds à l'heure, sans un bout de voile déployé, mais toujours fortement inclinée sur un de ses côtés.

Musgrave alors prend la barre et reste seul sur le pont, tandis que je descends dans la cale par le gaillard d'avant, suivi de mes hommes, munis de lanternes. Quel spectacle! Tout est bouleversé, confondu. Pierres, barriques et sacs de sel gisent pêle-mêle à tribord, qui maintenant représente le fond du navire. Heureusement les quinze tonneaux de fer, fortement retenus par le plancher, n'ont pas bougé; sans quoi c'en était fait de nous et du *Grafton*, qui aurait infailliblement sombré.

Tout le reste de la nuit nous fûmes occupés à remettre toutes les choses à leur place et à rétablir l'ordre dans la cale; et au jour, épuisés de fatigue, nous remontâmes sur le pont, où nous trouvâmes Musgrave trempé jusqu'aux os, la figure pâle, les mains crispées sur la barre par le froid, mais néanmoins alerte et vigilant. George prit sa place. Ne pouvant allumer du feu, car tout était inondé par les vagues, chacun de nous but un bon verre d'eau-de-vie pour se réchauffer; puis la goélette fut de nouveau mise à la cape.

Notre premier soin fut ensuite de sonder les pompes, au fond desquelles nous ne trouvâmes qu'une très petite quantité d'eau. Nous fûmes agréablement surpris de voir que, si la goélette prenait un peu d'eau durant le mauvais temps par les jointures du pont, en revanche sa coque était aussi imperméable que les flancs d'une bouteille.

Pendant les deux heures que George reste à la barre, Alick et le cuisinier aussi bien que Musgrave et moi, nous allons nous jeter tout habillés sur nos couches mouillées, où, ne dormant que d'un œil, nous essayons de prendre un peu de repos.

Au dehors la tempête mugit toujours avec la même violence.

20. Toujours à la cape. Le vent ne souffle plus que par rafales. La

mer, quoique encore très forte, commence à tomber un peu. Le baromètre monte.

21, 4 heures du matin. Nous avons remis de la toile au navire qui, n'étant pas assez *appuyé*, ballottait follement sur la surface encore toute bouleversée de la mer.

8 heures. Vivat! Nous avons enfin quelque chose de chaud à manger pour notre déjeuner : c'est la première fois depuis trois jours.

Midi. La brise est devenue régulière. Nous avons déployé toutes les voiles, mis le cap au S.-S.-E. et pris des observations solaires qui fixent notre position à 39° 8' de latitude sud et 154° 6' de longitude est du méridien de Paris. Ainsi, pendant le temps qu'a duré la tempête, nous avons dérivé de près de cent cinquante milles.

Du 21 au 27, beau temps; ciel ordinairement nuageux.

Tout est bien à bord. Nous voyons fréquemment des baleines.

28. Ciel complètement couvert. L'apparence du temps est menaçante. Le baromètre baisse.

A 6 heures du matin, nous avons été surpris par une bourrasque venant de l'E.-S.-E. qui nous a obligés à fuir devant le temps pendant près d'une heure; après quoi, nous avons de nouveau mis à la cape.

Depuis deux jours le soleil n'a pas été visible, et nous n'avons pas pu prendre d'observations.

29. Cette fois la tempête n'a pas eu une longue durée. Elle n'a pas non plus été aussi violente que la précédente. Le temps se modère. Les grains ne se succèdent plus qu'à de longs intervalles. La brise devient plus régulière, et la mer moins forte. Nous avons déployé les voiles et remis le cap en route à l'E.-S.-E.

Midi. Le soleil a reparu. Nous avons pu prendre des observations, qui nous ont donné 52° 6' lat. S. et 159° 23' longit. E. de Paris.

30. A midi quinze minutes, étant monté dans la mâture, j'ai aperçu la terre à environ trente-cinq milles de distance.

4 heures après midi. Un brouillard vient de s'élever de l'océan et enveloppe la terre d'un voile impénétrable. Il est si épais, que nous ne pouvons distinguer aucun objet d'une extrémité du navire à l'autre. La prudence nous engage à diminuer la toile, à remettre le cap au large,

afin de ne pas nous exposer à tomber parmi les écueils durant la nuit qui s'approche.

1ᵉʳ décembre, 7 heures du matin. Le brouillard vient de se dissiper, mais nous ne voyons plus la terre. Nous virons de bord et reprenons notre route vers l'île Campbell.

2, 8 heures. Entré dans le port Abraham's-bosom, situé au S.-E. de l'île. 11 heures. Mouillé notre ancre par cinq brasses d'eau, à l'extrémité de la baie.

CHAPITRE III

**INUTILITÉ DE NOS RECHERCHES. — JE TOMBE MALADE.
NOUS QUITTONS L'ILE CAMPBELL.**

A peine les voiles furent-elles serrées que Musgrave et moi nous descendîmes à terre.

Nous n'avions encore vu aucun phoque dans les eaux de la baie; mais comme nous étions alors au cœur de l'été austral, nous pensâmes que peut-être ces animaux étaient allés se réfugier, pour dormir au frais pendant la chaleur du jour, parmi les grandes herbes du rivage ou dans l'épais fourré du littoral.

Longeant les plages, escaladant les rochers, ou grimpant sur les falaises, nous en cherchions partout, sans pouvoir en découvrir nulle part. De tous les côtés nous apercevions de nombreuses traces, plus ou moins apparentes; mais de phoques, point.

Il était évident pour nous que toutes ces traces n'étaient pas récentes; elles remontaient probablement à la saison précédente. C'étaient d'étroits sentiers, qui se dirigeaient tous vers la montagne, et qu'il nous était presque impossible de suivre, à travers la masse profonde et serrée de végétation sous laquelle ils allaient se perdre. Cet obstacle n'était pas le seul : nous reconnûmes bientôt que ces herbages enchevêtrés recouvraient et cachaient à nos yeux de nombreux casse-cou, tels que crevasses et fondrières, que les pluies, si fréquentes dans ces régions, avaient creusées dans un sol mou et le plus souvent marécageux.

Lassés par la longueur et surtout par l'inutilité de nos recherches, nous retournâmes au navire un peu après le coucher du soleil. A notre arrivée, nos hommes nous apprirent que, durant notre absence, ils avaient aperçu deux phoques nageant autour de la goélette; de temps en temps ils sortaient leurs grosses têtes de l'eau pour pousser une sorte de rugissement qui dénotait une certaine férocité, aussi bien qu'un grand étonnement, causé par l'apparition, nouvelle pour eux, d'un monstre tel que notre navire.

D'après la description qu'ils nous firent de ces animaux, nous reconnûmes facilement le lion de mer, précisément l'espèce sur laquelle nous avions fondé nos espérances et que nous nous attendions à rencontrer en très grande abondance dans ces parages.

Ce récit eut le bon effet de ranimer un peu notre espoir, car il se pouvait que ces animaux habitassent certains points de la côte de préférence à d'autres; aussi fut-il convenu que, tout en explorant l'île pour découvrir la mine d'étain, nous ne négligerions pas de nous occuper des phoques.

Laissant nos hommes à bord, Musgrave et moi nous partîmes de bonne heure le lendemain matin. Ce ne fut pas sans efforts et sans peine (nous dûmes plus d'une fois nous coucher à plat ventre pour ramper sous les lianes) que nous réussîmes à franchir la ceinture de végétation et que nous pûmes nous diriger vers le Nord-Ouest.

Arrivés sur la crête de la montagne, nous avons contourné un pic arrondi et terminé en pointe, que nous avons nommé le *Dôme*. De ce point nous pouvions apercevoir, au pied du versant occidental, une baie connue des baleiniers sous le nom de *Monumental harbour*, ou havre des Monuments. — Après y être descendus, nous nous trouvâmes sur le bord d'une falaise assez élevée, presque au milieu d'un bassin circulaire, ouvert du côté de l'océan, et dont le contour ressemblait aux vastes ruines de quelque gigantesque Colisée antique. La mer avait de toutes parts creusé, fouillé, sculpté la roche, en respectant les parties les plus dures: celles-ci ressortaient en relief sur le front des falaises, comme autant d'anciens piliers que le temps n'avait encore pu abattre.

Il est facile d'entrer dans ce port; mais il n'offre qu'une médiocre sécurité, à cause de la forte houle qui s'y engouffre, et comme on risque d'y être longtemps retenu par les vents d'ouest, il est rarement fréquenté; excepté dans un cas de force majeure, les baleiniers eux-mêmes l'évitent; ils vont de préférence, s'ils ont besoin d'eau fraîche, mouiller dans le port du sud-est, Abraham's-bosom.

Le pénible trajet que nous venions de faire ayant singulièrement aiguisé notre appétit, nous nous occupâmes d'allumer du feu pour faire bouillir un pot de thé, et nous déjeunâmes; puis nous descendîmes sur la plage. Cette fois, nous aperçûmes des lions de mer, mais en très petit nombre. Quant à la mine d'étain, nous n'avions encore vu aucun indice qui révélât son existence.

Nous nous disposâmes alors à retourner à bord du navire en prenant une autre route que celle que nous avions déjà parcourue. Après avoir contourné et descendu le Dôme, nous trouvâmes à sa base une quantité de nids énormes. Ces nids étaient composés de tourbe, que les albatros, en grattant avec leurs pattes, avaient amoncelée en petits monticules; le centre était creux et rempli de mousse. Presque tous étaient occupés. Dans chacun d'eux une femelle couvait un œuf unique, assez gros pour suffire à lui seul au repas de deux hommes.

Nous étant approchés, nous dûmes nous servir de nos bâtons pour obliger les albatros à quitter leurs nids, que les pauvres bêtes défendaient de leur mieux. Nous pûmes de la sorte nous procurer plusieurs œufs, mais il ne s'en trouva dans le nombre qu'un seul assez frais pour être mangé. Curieux d'en connaître le goût, nous le fîmes cuire; le jaune était excellent, le blanc nous parut un peu fort; en somme, il différait peu de l'œuf de l'oie ou de celui de la cane.

Après avoir marché presque toute la journée sur un sol humide et mou qui, à chaque pas, cédait sous nos pieds comme une éponge, et escaladé bon nombre de rochers, nous arrivâmes à bord, le soir, accablés de fatigue.

Le lendemain je dus laisser Musgrave partir avec Alick pour une seconde tournée. Je me sentais mal à l'aise, j'avais la fièvre. Bientôt je fus forcé de gagner ma cabine et de m'étendre sur mon lit : je ne le quittai plus pendant tout un mois; je fus très malade. Peu s'en fallut que je ne restasse à l'île Campbell. Musgrave en vint à désespérer de moi à ce point qu'il songea à se mettre en quête d'un endroit pour m'enterrer. C'est lui qui me l'avoua plus tard, en me félicitant de lui avoir épargné ce triste devoir.

Privé de tout médicament, abandonné aux seuls efforts de la nature, je guéris néanmoins. La vitalité de la jeunesse et la force de ma constitution l'emportèrent.

Les fatigues de la traversée, quand j'étais à peine remis de ma longue maladie, à la suite de l'éboulement dans la mine, et surtout le brusque passage d'un climat chaud et salubre, comme celui de la Nouvelle-Galles du Sud, à l'atmosphère froide et humide des mers australes, furent sans doute les causes de cette intempestive rechute.

Pendant mon inaction forcée, Musgrave avait continué à chercher la mine d'étain, mais inutilement. A-t-elle échappé à ses investigations, ou n'existe-t-elle pas? Je l'ignore.

Quant aux lions de mer ou autres espèces de phoques, ils étaient extrêmement rares. Durant un mois entier que la goélette resta à l'ancre dans Abraham's-bosom, nous n'en prîmes que cinq, dont un était extraordinairement gras. Il rendit cent cinquante litres d'huile. Aussi ce remarquable animal, qui devait peser pour le moins six cents kilos, occupa-t-il une place à part dans nos souvenirs, et quand nous parlions de lui, c'était toujours sous la dénomination de *Old-Christmas*, en mémoire du jour où il avait été tué.

Comme un plus long séjour à l'île Campbell nous semblait inutile, nous résolûmes de partir et de ne pas nous engager plus avant vers le sud. Le plus sage était de retourner à Sydney, en nous contentant de visiter le groupe des Auckland, qui se trouvait sur notre chemin.

Le 29 décembre, nous levâmes l'ancre et nous dîmes adieu à l'île Campbell.

Quoique encore incapable de quitter mon lit, je voulus me remettre à tenir le journal de bord, dont j'extrais les lignes suivantes :

30 décembre, 6 heures du soir. Vent d'ouest; forte brise; ciel couvert et nuageux; temps menaçant.

Musgrave me dit qu'il vient d'apercevoir le groupe des Auckland au N.-O., à environ trente milles de distance. Nous avons le cap au N.

Nous dûmes nous servir de nos bâtons pour obliger les albatros à quitter leurs nids.

31, 2 heures du matin. Nous avons viré de bord, et mis le cap au S.-O.

1 heure après midi. Bourrasque de l'ouest. Le vent varie du N.-O au S.-O. Je n'ai jamais vu une mer aussi confuse; elle semble être en ébullition et tombe à bord de tous les côtés.

4 heures. Mer toujours grosse, mais plus régulière.

8 heures. La pluie, qui jusqu'à présent avait été fine, devient plus forte, le brouillard s'épaissit, et le vent augmente de violence. Nous avons mis à la cape.

1er janvier 1864, à 2 heures du matin. Le temps se modifie; nous avons déployé le hunier de misaine et la grande voile.

10 heures. Brise modérée, ciel clair, hausse du baromètre.

Nous longeons la terre. La beauté du temps me tente de venir sur le pont respirer le grand air et jouir de la vue que nous offre la côte de l'île Adam; mais je suis encore si faible qu'à peine puis-je me soutenir et faire quelques pas. Musgrave appelle George à l'arrière, pour lui dire d'apporter mon matelas et de l'étendre sur l'écoutille de la cabine; puis il m'aide lui-même à monter sur le pont, où pendant quelques instants je me tiens debout, accroché à un cordage, pendant que ce cher compagnon m'encourage et me félicite de l'effort que je viens de faire; mais les forces me manquent et je suis obligé de m'allonger de nouveau sur le matelas, où, la tête relevée par des oreillers, je puis, sans me fatiguer, jouir du coup d'œil.

Ah! la bonne chose que de sentir les rayons du soleil baigner mes membres endoloris, après être resté longtemps enfermé dans l'ombre de la cabine, sur une couche dure et humide! Qu'elle est fraîche et délicieuse la brise qui me caresse le visage! Quel bonheur de recouvrer ses forces, de reprendre possession de la vie, quand on vient de toucher au seuil de la tombe! Quand je pense que j'aurais pu mourir là-bas, dans ce coin oublié du monde, loin de tout ce que j'aime, sans avoir dit adieu aux miens, sans leur avoir une dernière fois serré la main! Combien de malheureux ont péri ainsi! Bien des années après, le hasard amène un explorateur étranger qui découvre leurs traces. « Il paraît que d'autres m'ont précédé ici », dit-il, et cette froide remarque est la seule oraison funèbre prononcée sur eux. Avec quelle plénitude de cœur je rends grâce au ciel de m'avoir épargné cette navrante destinée !

Nous sommes à peine à trois kilomètres de l'île Adam et nous pouvons distinctement voir d'ici les falaises gigantesques contre lesquelles la mer encore agitée va se briser; parfois une lame s'engouffre dans une caverne et produit un bruit semblable à une détonation, que le vent apporte jusqu'à nous. Au centre de l'île se dressent, l'un à côté de l'autre, deux cônes arrondis, semblables à deux mamelles. Musgrave vient avec le sextant d'en mesurer la hauteur; son calcul lui donne pour le plus élevé deux mille cinq cents pieds, pour l'autre deux mille deux cents. Plusieurs petits cours d'eau descendent rapidement de la montagne et forment une multitude de cascades scintillantes : arrivés au bord de la falaise, ils prennent leur dernier élan, et, après une longue chute, ils ne tombent dans la mer que transformés en une blanche vapeur où la lumière du soleil se décompose et étale à nos yeux toutes les couleurs de l'arc-en-ciel.

La beauté du tableau, la douceur de l'atmosphère me ravissent. Mon sang, fouetté naguère par la fièvre, coule paisiblement dans mes veines, dont je sens à peine le battement régulier. Je ne croyais pas qu'on pût éprouver un pareil bien-être. Mes compagnons semblent tout joyeux de me revoir sur le pont; c'est à qui, tout en vaquant à sa besogne, m'adressera un mot, un sourire en passant.

Il est trois heures de l'après-midi. Nous avons contourné l'île Adam et nous voici en présence de l'île Auckland. Vers le nord, la côte paraît irrégulière; elle est comme dentelée par de nombreux promontoires, et nous pouvons distinguer à l'horizon plusieurs files de récifs à fleur d'eau, où la houle, en se brisant, forme des lignes d'écume très marquées; ces lignes paraissent se prolonger jusqu'à une dizaine de milles en mer, du côté du nord-est. En face de nous, une magnifique baie vient de s'ouvrir. L'entrée peut avoir trois kilomètres de largeur entre les deux caps qui l'enserrent. Cette baie est le port de Carnley, et nous nous décidons à y pénétrer au lieu de continuer jusqu'au port Ross, appelé aussi Sarah's-bosom et situé tout au nord du groupe.

La tête relevée par des oreillers, je puis, sans me fatiguer, jouir du coup d'œil.

CHAPITRE IV

APPARITION DES PHOQUES. — LES ÎLES AUCKLAND. — UNE NUIT D'ANGOISSE. — NAUFRAGE.

Le vent d'ouest continue toujours; quoique léger, il vient maintenant de terre, et sort de la baie par petites rafales. La goélette, toutes ses voiles déployées, louvoie aisément. Quelques bordées nous placent entre les deux côtes, où la mer est relativement calme. George est à la barre; Alick, penché en dehors dans les porte-haubans, où il est attaché par le milieu du corps, de temps en temps lance la sonde, tandis que Harry, dans la cuisine, prépare le dîner. A l'aide de sa longue-vue, Musgrave parcourt la côte du regard. Tout à coup il vient à moi, la figure joyeuse :

« Bonne nouvelle! s'écrie-t-il : si je ne me trompe, nous trouverons ici ce que nous avons vainement cherché à l'île Campbell; je n'en suis pas encore bien sûr, à cause de la distance, mais je crois apercevoir beaucoup de phoques sur les rochers du rivage. Voyez vous-même. » Et il me passa la lunette.

Comme, du point où j'étais, je dominais le bord du navire, et qu'à chaque instant nous nous approchions davantage de la côte, j'y distinguai bientôt en effet plusieurs corps noirs étendus sur les rochers.

« Le doute n'est pas possible, dis-je : ce sont des phoques; en voici un qui vient de lever la tête. Ils sont très nombreux »; et, fatigué, je remis à Musgrave sa longue-vue.

Comme la journée était exceptionnellement belle et chaude pour ces parages, ces amphibies, étendus au soleil, sommeillaient sur des escarpements de rochers, les uns au bord de l'eau, les autres à des hauteurs assez considérables, où l'on avait peine à comprendre comment des animaux si peu agiles en apparence avaient pu parvenir. Quelques-uns, nageant dans les eaux de la baie, étaient occupés à poursuivre leur proie.

Le mouvement que nous fîmes en virant de bord, le bruit des voiles agitées par le vent et le grincement des poulies en réveillèrent plusieurs qui se jetèrent à la mer. En un instant ils s'approchèrent en foule de la goélette, qui dut être pour eux un sujet d'étonnement et d'effroi, car ils n'osaient trop s'avancer; ils formaient autour d'elle un cercle que nul d'entre eux ne fut assez hardi pour franchir, quoiqu'ils poussassent souvent des sortes de rugissements, irrités qu'ils étaient de voir envahir ainsi leur domaine.

A la seconde bordée nous en trouvâmes autant sur la côte opposée. Évidemment ils habitaient l'île en grand nombre. Cette certitude nous rendit tout joyeux, et nous projetâmes de nous arrêter quelques jours seulement, juste le temps nécessaire pour remplir d'huile nos futailles et saler quelques peaux, puis de retourner au plus vite à Sydney, sans avoir trop effarouché les phoques, afin de pouvoir revenir nous établir sur les lieux avant l'hiver, avec vingt-cinq ou trente hommes, et faire la chasse à ces animaux.

A chaque bordée nous nous enfoncions plus avant dans la baie, qui depuis l'entrée allait toujours s'élargissant sur une longueur de six à sept kilomètres. Puis elle se trouvait rétrécie de nouveau par une presqu'île, appartenant à l'île Auckland, qui surgissait au-dessus de l'eau comme une montagne et dont le sommet avait environ cinq cents pieds de hauteur; nous l'appelâmes plus tard *péninsule de Musgrave*.

Avec une ligne de quarante mètres, ayant un plomb de six livres à son extrémité, Alick continue à chercher le fond, sans réussir à le trouver nulle part, même à soixante mètres des côtes. Ceci nous donne un peu de souci; car la brise devient de plus en plus légère et semble vouloir tomber tout à fait, ce qui nous fait désirer de pouvoir mouiller notre ancre avant la nuit.

Le soleil venait de disparaître derrière les montagnes, et j'étais rentré dans ma cabine, où je dormais depuis deux heures d'un de ces doux sommeils que nous procure la convalescence, quand je fus réveillé par Musgrave, qui venait de descendre pour observer le baromètre.

« Je ne sais, me dit-il, ce qui se prépare, mais le temps vient de se couvrir depuis un moment, et il fait noir comme dans un four. Comme le baromètre ne baisse pas, ce ne sera, j'espère, que de la pluie. J'avoue cependant que j'aimerais mieux être au large qu'entre ces deux terres. Si encore il faisait un peu de vent, nous pourrions nous tenir à peu près au milieu du chenal en attendant le jour, puisque nous n'avons pu mouiller l'ancre; tandis que par ce calme nous sommes entièrement à la merci de la marée.

— En effet, lui répondis-je, le flux ou le reflux pourraient bien nous jeter sur quelque pointe de roche, que l'obscurité de la nuit nous empêchera d'apercevoir.

— Une seule chose me tranquillise, reprit Musgrave; c'est que le bruit de la houle sur le rivage est encore lointain; tant qu'il en sera ainsi, je serai presque certain d'être au centre de la passe. »

Il alluma sa pipe et remonta sur le pont, où je l'entendis aller et venir au-dessus de ma tête pendant quelque temps.

Comme je venais de m'assoupir de nouveau, malgré le sentiment que j'avais de notre situation critique, je fus encore une fois réveillé par le bruit de la pluie qui tombait à torrents. J'entendis aussi la voix de Musgrave donnant quelques ordres, et je compris que la brise venait enfin de se lever.

Toute la nuit il plut sans interruption. Au jour, nous nous trouvions au niveau de la péninsule, et nous pouvions voir une longue nappe d'eau allant vers le sud, puis tournant à l'ouest, tandis qu'une autre partie de la baie s'étendait au nord. Nous prîmes cette dernière voie.

A peine avions-nous contourné la pointe de la presqu'île, que la baie se divisait encore en deux branches. Continuant toujours au nord, nous entrâmes bientôt dans un magnifique bassin, cerné de tous côtés par de hautes montagnes excepté à l'ouest, où il y avait une forte dépression, divisée par une petite colline en deux étroites vallées; chacune d'elles était arrosée par un ruisseau qui se jetait dans le fond de la baie.

La côte était partout bordée de falaises irrégulières, presque à pic, mais n'ayant guère plus de quatre à dix mètres de hauteur. Çà et là quelques taches verdâtres attiraient les yeux : c'étaient des plaques de plantes marines dénotant la présence de récifs à fleur d'eau. Dans le fond des anses seulement, on pouvait apercevoir quelques plages étroites, couvertes de galets ou de débris de rochers; mais on ne voyait de sable nulle part.

Vers trois heures de l'après-midi, la pluie avait cessé, le vent avait pris un peu plus de force et la goélette continuait toujours à louvoyer. Nous arrivâmes ainsi dans une baie (nous l'appelâmes plus tard la *baie du Naufrage*), où, ayant enfin trouvé le fond, mes compagnons, accablés de fatigue, mouillèrent l'ancre par sept brasses d'eau, dans la soirée du 2. Ce n'était qu'un ancrage provisoire; nous avions l'intention, aussitôt le jour venu, d'en chercher un autre où nous serions moins à découvert. Malheureusement, deux heures après, nous étions obligés de mouiller notre seconde ancre pour résister à un coup de vent du nord-ouest, qui venait de se lever tout à coup.

Nous vîmes bientôt que nous étions placés aussi mal que possible; tant que le vent resterait à l'ouest, le danger était imminent. En effet, nous étions mouillés si près de la terre, que nous avions à peine l'espace nécessaire pour tourner sur nos ancres sans donner contre les rochers. Nous eûmes bien l'idée de filer nos câbles et de revenir au large pour y attendre la fin du mauvais temps, mais nous reconnûmes bientôt que nous ne pourrions le faire sans nous exposer à un danger plus grand encore, car un peu plus bas se trouvait une pointe sur laquelle la goélette se serait infailliblement jetée avant d'atteindre une voie suffisante pour obéir sans péril à l'action du gouvernail. Nous préférâmes donc rester où nous étions, attendant le jour, qui nous apporterait peut-être un changement de temps, ou tout au moins nous permettrait de voir plus clairement notre situation.

Le vent, qui soufflait avec une grande force, avait l'air par moments de vouloir se calmer un peu, mais tout à coup il se remettait à mugir de plus belle.

A dix heures et demie, après un de ces intervalles durant lesquels le génie de la tempête semblait ne se reposer un instant que pour reprendre haleine, un grain d'une extrême violence, amenant avec lui une pluie ou plutôt une trombe d'eau salée qu'il avait soulevée en passant, frappa la goélette avec furie. En ce moment j'entendis sur l'avant la voix d'Alick, criant qu'une de nos chaînes venait de se rompre. Cette nouvelle nous plongea dans une profonde consternation. Dès lors, une seule ancre (nous n'en avions pas d'autre à jeter) étant insuffisante pour nous retenir, nous commençâmes à dériver vers la côte.

Ce fut à minuit que nous sentîmes le premier choc; il fut léger, mais ceux qui lui succédèrent devinrent de plus en plus forts à mesure que nous avancions vers les rochers. Chaque nouvelle secousse nous serrait le cœur; elle était pour nous l'annonce toujours plus certaine du triste sort qui nous était réservé.

Cependant nous conservions encore une lueur d'espoir. Nous avions touché à marée basse, et le flux, qui maintenant montait rapidement, venait à chaque instant apporter plus d'eau sous notre quille. La tempête aussi pouvait se calmer pendant les quatre heures que durerait la marée. De son côté le *Grafton* était si bien construit, sa charpente était si solide, que, malgré les coups violents qu'il avait déjà reçus, sa coque ne laissait pas encore filtrer une goutte d'eau.

Hélas! cette dernière espérance nous fut bientôt ravie: au lieu de diminuer, la tempête augmenta; le vent devint un véritable ouragan, qui, à mesure que l'eau montait, nous poussait plus avant vers la côte.

Au bout de quelques instants, un choc plus terrible que les précédents se fit sentir; un effroyable craquement le suivit: c'était le désastre tant redouté qui s'accomplissait! La quille venait de toucher sur un rocher qui en avait emporté une partie; nous en trouvâmes les débris sur la côte le lendemain. La mer, s'engouffrant par l'ouverture, eut en peu de temps envahi l'intérieur du navire, qui dès lors resta fixé à sa place. En revanche, les lames venaient se briser avec furie contre son flanc et, s'élançant par-dessus, balayaient le pont, ou emportaient quelque partie du bastingage. Nous eûmes à peine le temps d'y transporter le peu de provisions qui nous restaient, ainsi que nos instruments de navigation et nos effets. Ces objets furent solidement attachés contre l'écoutille de la cabine, qui, placée à l'arrière, était l'endroit le moins exposé. Nous le couvrîmes d'une toile goudronnée, sous un pan de laquelle, accroupis tous les cinq, mouillés et transis, nous nous blottîmes en attendant le lever du jour.

Comme nous étions encore au cœur de l'été austral, au bout d'une heure nous vîmes poindre les premières lueurs de l'aube.

Une heure! cela est bien peu de chose pour qui la passe dans la sécurité de la vie ordinaire; mais, dans l'horrible situation où nous étions, exposés d'instant en instant à être arrachés de notre refuge et lancés dans la mer, c'est-à-dire infailliblement noyés ou brisés contre les rochers, avec quelle désespérante lenteur se traînent les minutes!

Aussitôt le jour venu, mes compagnons sortirent de dessous la toile qui nous abritait pour jeter un coup d'œil au dehors. Le vent soufflait avec la même rage; la pluie continuait à tomber ou plutôt à fouetter presque horizontalement. De temps en temps une forte rafale soulevait d'énormes vagues et en emportait l'écume, comme une épaisse nuée, à une centaine de mètres de hauteur. De chaque côté de la goélette, la mer furieuse allait en bondissant se briser contre les rochers du rivage, dont nous n'étions éloignés que d'une cinquantaine de mètres. Dans l'étroit espace qui nous séparait de la terre, elle était moins tourmentée; le *Grafton*, qui n'était plus qu'une épave, barrait le passage aux lames, qu'il recevait lui-même, et protégeait un peu cette partie de la côte contre leur furie.

Notre canot, frêle embarcation de quatre mètres de long sur un mètre et demi de large, profond d'un demi-mètre, et construit en planches de cèdre d'un centimètre d'épaisseur, était retenu par de fortes amarres au-dessus du grand panneau de la goélette, sa place habituelle. Quoique d'une construction légère, ayant la quille en haut, il formait une arche solide qui jusqu'à présent avait résisté aux coups de mer. Il s'agissait d'aller le délier et de le mettre à flot pour gagner la côte. Cette tâche était pleine de danger, mais elle nous offrait notre seul moyen de salut; car nous redoutions à tout moment de voir le *Grafton* céder aux efforts incessants des vagues, qui semblaient s'acharner à le mettre en pièces.

Sans autres accidents que quelques contusions, mes compagnons

Alick grimpa sur un rocher plus élevé. (Voir page 63.)

réussirent à le lancer par-dessus le bord. Un instant après, il flottait au côté de nous, sous le vent du navire.

Quoique, sous le rapport de l'utilité, je ne valusse guère mieux que l'épave qu'ils allaient quitter, mes compagnons ne voulurent pas m'abandonner. Lorsqu'ils eurent mis dans la nacelle une partie des objets que nous avions montés sur le pont, ils m'aidèrent à y descendre, et eux-mêmes y prirent place.

Parmi les cordes que nous avions emportées, Musgrave prit une des plus longues et il l'attacha à un anneau fixé aux flancs du *Grafton*; puis il la laissa se dérouler et glisser entre ses mains jusqu'à ce que nous fussions arrivés assez près des rochers; alors il la noua à l'arrière du canot, de sorte que celui-ci, malgré le vent et la mer qui le poussaient au rivage, ne pouvait aller plus loin. Cela fait, Alick prit une seconde corde, dont il fixa un bout à l'avant de l'embarcation, et, après s'être attaché l'autre bout autour du corps, au péril de sa vie, il s'élança dans les flots.

Ce fut encore un moment de terrible anxiété, car le salut de tous dépendait de la force et de l'adresse d'Alick; mais celui-ci, sous son apparente inertie, cachait un cœur vaillant, et, comme la plupart de ses compatriotes, il était excellent nageur. La mer se soulevait et bouillonnait autour de lui; cependant nous pouvions voir qu'il conservait tout son sang-froid; il donna à la lame le temps de se briser, puis, en deux vigoureux élans, il atteignit une pointe de rocher, à laquelle il se cramponna. Tandis que le flot se retirait, et avant qu'une nouvelle lame vînt l'arracher de son poste, il grimpa sur un rocher plus élevé, où les vagues ne pouvaient plus l'atteindre. Un moment après, il attachait solidement la corde à un arbre voisin du rivage.

De cet arbre à la nacelle, la corde, fortement tendue, avait une pente assez raide. Au moyen d'une poulie à laquelle on fixa deux bouts de corde, dont l'un fut jeté à Alick et l'autre retenu dans le bateau, nous fîmes d'abord passer à notre camarade la toile goudronnée; il la disposa autour d'un tronc d'arbre, en forme de tente, et il y plaça les objets au fur et à mesure que nous les lui envoyions. Ensuite vint mon tour. Musgrave me mit sur son dos, où il me lia solidement, et, saisissant la poulie, il prit son élan par-dessus le bord.

Considérablement plus lourds qu'aucun des paquets qui nous avaient précédés, nous faisions baisser la corde, qui cependant nous soutenait encore au-dessus des brisants. Le trajet, qui était une véritable ascension, ne se fit pas sans peine et sans danger : je vis le moment où Musgrave, épuisé de fatigue, allait lâcher prise ; étant liés l'un à l'autre, nous aurions été perdus tous deux si Alick ne fût venu à notre secours et ne nous eût aidés à monter sur les rochers.

Enfin George et Harry vinrent nous rejoindre en suivant la même voie. Quant au canot, nous le laissâmes où il était, solidement amarré à la corde.

Comme il ne pouvait contenir qu'un petit nombre d'objets, nous n'avions pris avec nous que les plus indispensables ; les autres étaient restés sur le pont du *Grafton*, attachés à l'écoutille et recouverts d'un morceau de toile goudronnée. C'étaient plusieurs sacs de sel, le coffre de Musgrave, renfermant ses cartes, ses instruments de navigation et la majeure partie de ses effets, le mien, dans lequel se trouvaient aussi mon sextant et mon fusil, une caisse où nous avions placé les divers objets de ménage, assiettes, couteaux, fourchettes, etc., qui servaient à garnir notre table dans la cabine, et une grosse marmite en fer destinée à faire fondre la graisse des phoques que nous devions tuer.

Naturellement nous avions emporté de préférence ce qui nous restait de nos provisions : un petit tonneau contenant à peu près cent livres de biscuit, et un autre où il y avait encore une cinquantaine de livres de farine ; environ deux livres de thé et trois de café, renfermées dans deux boîtes de fer-blanc ; un peu de sucre, peut-être une dizaine de livres ; une petite quantité de viande salée, tout au plus une demi-douzaine de morceaux de bœuf et deux morceaux de porc ; presque une livre de poivre ; une demi-bouteille de moutarde ; un peu de sel ; six livres de tabac américain, qui appartenaient à Musgrave et à moi, mais que nous partageâmes également entre nous, et une petite bouilloire en fer dont notre cuisinier Harry se servait pour faire bouillir de l'eau douce.

Étant liés l'un à l'autre, nous aurions été perdus tous deux.

CHAPITRE V

UN MOMENT DE DÉSESPOIR. — NOTRE CAMPEMENT. — UN DUEL
DE LIONS DE MER. — CAPTURE D'UN DE CES ANIMAUX.

Le vent continuait à souffler avec violence; la pluie tombait sans relâche.

Mouillés depuis la veille, nous grelottions de froid. Notre première pensée fut de chercher à allumer du feu : mais comment? Aucun de nous n'avait de briquet. Tout à coup Harry poussa un cri de joie. En fouillant dans ses poches, il y avait trouvé une petite boîte d'allumettes. Mais, hélas! l'eau de mer y avait pénétré et elles étaient tout humides. À l'exclamation de Harry, George était allé dans le fourré voisin et il en avait rapporté une poignée de menues broussailles à peu près sèches, qu'il avait trouvées sous un tronc d'arbre. Harry prit alors une de ses allumettes et il la frotta doucement, avec une extrême précaution, pour la faire prendre, mais en vain. Il en essaya une seconde, une troisième, une quatrième : peine inutile; elles ne voulaient pas s'enflammer. Nous étions tous groupés autour de lui, anxieux, n'osant respirer, attendant une étincelle. Harry, qui s'était arrêté un instant, découragé, recommença de nouveau; au bout d'un moment, une petite crépitation se fit entendre : oh! comme nos cœurs battirent! nous nous serrâmes tous autour de lui pour former un rempart contre le vent et protéger la faible flamme : bientôt un joyeux pétillement éclata, notre foyer venait de s'allumer! Alick courut aussitôt remplir la bouilloire à un petit ruisseau d'eau douce qui coulait tout près de là, et il la plaça devant le feu. Un quart d'heure après, nous avions du thé, que nous bûmes en mangeant un biscuit et en réchauffant nos membres glacés.

Notre repas achevé, mes compagnons s'en allèrent, chacun de son côté, à la recherche d'une grotte, d'une excavation quelconque, où nous pussions transporter nos provisions et nous mettre nous-mêmes à l'abri du mauvais temps. Avant de s'éloigner, ils avaient ramassé dans le voisinage une certaine quantité de bois mort et ils l'avaient placé en tas à côté de moi : n'étant guère bon à autre chose, à cause de ma faiblesse, je devais m'occuper, pendant leur absence, à entretenir le feu, devenu pour nous aussi précieux, aussi sacré qu'il l'était jadis pour les vierges romaines prêtresses de Vesta. Pas plus qu'elles, nous ne devions le laisser s'éteindre ; et il y allait aussi de la vie.

En m'acquittant de mes fonctions, je ne tardai pas à m'apercevoir que le sol lui-même brûlait, et qu'il s'était formé un trou sous le foyer. Je compris dès lors et je m'assurai par la suite que ce sol était une espèce de tourbe marécageuse, provenant de la décomposition de matières végétales, et reposant immédiatement sur la roche. Il est mou, spongieux, toujours imprégné d'eau. Il a, sur le littoral, de un à deux mètres d'épaisseur, et va s'amincissant graduellement à mesure que le terrain se relève.

Seul, livré à moi-même, on devine à quelles tristes réflexions je fus en proie. Je me mis à songer à ma famille, aux êtres qui m'étaient chers et que j'aimais en ce moment avec un redoublement de tendresse. J'étais séparé d'eux par tout un hémisphère. Comment et quand sortirais-je de cet îlot perdu au milieu des mers, en dehors des limites du monde habité? Peut-être jamais ! Un violent désespoir s'empara de moi. J'avais le cœur gonflé, j'étouffais ; des larmes que je ne pouvais comprimer remplirent mes yeux, je pleurai comme un enfant.

Alors je me mis à prononcer le nom de Dieu et je pensai à cet être infini, tout-puissant, qui, après tout, règne sur le monde. Je me jetai à genoux sur le sol humide, et, épanchant ma douleur dans son sein, j'implorai son aide pour moi et mes compagnons d'infortune.

Après cette effusion, je me relevai; je me sentais plus calme. Cette maxime, que j'avais entendu tant de fois émettre et que sans doute

Bientôt un joyeux pétillement éclata.

j'avais répétée moi-même avec indifférence : « Aide-toi, le ciel t'aidera », me revint à l'esprit et prit pour moi un sens nouveau, saisissant, lumineux. Je reconnus que, dans la situation où nous étions, s'abandonner au désespoir, c'était se perdre soi-même, c'était appeler la mort.

Dès lors je pris la ferme résolution de combattre, de chasser les sombres pensées qui m'avaient assailli, et j'éprouvai le désir de me rendre utile, sans retard, tout de suite, et du mieux que je pourrais, à mes camarades, qui avaient, eux, tant fait pour moi.

Animé par ce désir, je rassemblai mes forces et je sortis de la petite tente sous laquelle j'étais tapi au milieu des objets sauvés du naufrage. Tenant d'une main la bouilloire vide et m'accrochant de l'autre aux branches qui se trouvaient à ma portée, pas à pas je parvins jusqu'au ruisseau. Arrivé là, quoique la distance fût à peine d'une quarantaine de mètres, je dus m'asseoir un moment sur un tronc d'arbre pour me reposer. Après quoi, je remplis ma bouilloire et, tout fier de mon exploit, je revins la mettre sur le feu, afin de surprendre agréablement mes compagnons en leur offrant, à leur retour, un peu de thé chaud, que les pauvres garçons, fatigués et mouillés, boiraient sans doute avec plaisir.

Environ une heure après, ils revinrent un à un, ruisselants de pluie, la tête basse : ils n'avaient trouvé d'abri nulle part.

Lorsqu'ils eurent pris place autour du feu, serrés les uns contre les autres sous notre tente, qui était décidément trop petite pour nous contenir tous avec nos provisions, nous délibérâmes sur ce qu'il y aurait de mieux à faire pour nous tirer d'embarras.

George et Harry avaient perdu courage et ne trouvaient de parole que pour se lamenter. Ils regrettaient de n'avoir pas péri tout de suite, d'avoir aveuglément obéi à l'instinct de conservation en venant se réfugier sur ce rocher, si rarement visité par les navires et où probablement nous étions destinés à mourir après une longue agonie.

Alick, le front plissé, plus taciturne que jamais, ne soufflait mot.

Musgrave, la figure pâle, crispée, s'efforçait visiblement de contenir sa douleur.

« Courage, amis! leur dis-je; Dieu n'abandonne pas ceux qui comptent sur lui. »

Et m'adressant plus particulièrement à Musgrave, je lui rappelai la promesse de nos associés.

« Quand même ils s'en souviendraient, répondit-il, c'est à l'île Campbell qu'ils nous enverraient chercher, et seulement dans trois ou quatre mois. Qui sait d'ailleurs s'ils le voudront? Ils doivent supposer que nous avons trouvé là mine d'étain, que nous avons fait des travaux pour commencer à l'exploiter : consentiront-ils à ce que d'autres, en cherchant nos traces, la découvrent et aillent, avant eux, demander au gouvernement la concession de l'île? Leur intérêt ne le leur conseillera certes pas.

— Quel que soit le pouvoir de l'intérêt sur le cœur des hommes, répliquai-je, un tel acte d'inhumanité n'est pas à craindre. Je connais Sarpy, il est mon ami d'enfance, je réponds de sa fidélité. Quant à son associé, il est votre parent, et son attachement vous est une garantie qu'il ne manquera pas à sa parole. Le navire qu'ils enverront à l'île Campbell, nous trouvant partis, viendra inévitablement nous rejoindre aux Auckland, qui sont sur son chemin.

— Si cependant il en était autrement! murmura Musgrave. Ah! ma pauvre femme! mes pauvres enfants! que vont-ils devenir si je ne leur suis pas rendu? »

Et, brisé par l'émotion, cet homme ordinairement si fort, si calme devant le danger, cacha son visage dans ses mains et éclata en sanglots.

George et Harry s'étaient tus. Nous étions tous muets devant cette grande douleur de notre malheureux compagnon. Nous n'osions lever les yeux sur lui; nous étions pénétrés de respect et de sympathie.

Après lui avoir donné le temps de se remettre un peu, je repris la parole :

« Il ne faut pas, dis-je, qu'un moment d'épreuve nous abatte ainsi. Nous sommes des hommes : prouvons-le. Pour ma part, j'ai confiance et je suis d'avis que nous fassions tous nos efforts pour nous tirer d'affaire et pour vivre le plus confortablement possible en attendant qu'on vienne à notre secours, ce qui ne peut manquer d'arriver. »

Je me jetai à genoux sur le sol humide. (Voir page 68.)

Mon air d'assurance raffermit le courage de mes compagnons. « Essayons ! » dirent-ils, et il fut convenu que, tandis que je resterais à terre pour veiller à notre feu, ils tâcheraient, au moyen du canot, de retourner à bord du *Grafton* et d'y prendre quelques voiles, des cordages et des planches, avec lesquels nous pourrions nous faire une tente plus grande et plus commode que notre misérable abri.

Ils se mirent immédiatement en campagne, et, malgré les vents et la mer, leur entreprise réussit complètement. Ils revinrent avec tous les matériaux nécessaires, puis ils entrèrent dans le fourré pour chercher un endroit convenable à l'établissement de notre camp.

Ce fourré est très touffu, presque impénétrable, du moins sur le rivage, où, comme je l'ai dit, la couche de tourbe est plus épaisse. Il se compose d'un enchevêtrement d'arbustes, de bruyères, de fougères, d'herbes de tout genre, que dominent trois espèces d'arbres. La plus remarquable de ces trois essences est une sorte de bois de fer, à l'écorce mince, dont le tronc a de trente à quarante centimètres de diamètre. Ce tronc est généralement contourné de la façon la plus bizarre, ce que l'on peut attribuer à la lutte incessante qu'il a à soutenir contre les vents. Il semble que dans les moments de répit il se hâte de reprendre sa croissance normale et de s'élever perpendiculairement, puis, assailli, battu de nouveau, il se courbe, se tord, s'humilie, pour se redresser encore par un coude brusque jusqu'à ce que bientôt il retombe vaincu et se renverse vers le sol. Quelquefois ces arbres, ne parvenant pas à s'élever, rampent pour ainsi dire contre terre, disparaissent par places sous des monticules de tourbe couronnés de végétation, tandis que les parties visibles sont revêtues de mousses de toute espèce. Les grosses branches partagent le sort du tronc ; elles essayent d'abord, comme lui, de monter vers le ciel, puis, forcées d'y renoncer, elles prennent une direction horizontale. Elles portent néanmoins un épais feuillage, qui abrite, comme un toit, tout un monde subalterne d'arbrisseaux, de bruyères, de plantes marécageuses. Les deux autres espèces sont, l'une un petit pin de montagne, l'autre un arbre à bois blanc et à larges feuilles vertes.

Après avoir exploré le fourré, mes compagnons y choisirent un endroit moins encombré par la végétation et ils achevèrent de le déblayer. Ils avaient eu soin de rapporter du navire deux pioches, deux pelles en fer et une hache, dont nous nous étions munis en vue des fouilles que nous devions faire dans l'île Campbell, ainsi qu'une vrille, une vieille erminette et un marteau : c'étaient là tous nos outils. Le terrain déblayé et nivelé, ils y dressèrent la tente.

Moi, pendant ce temps-là, à ma fonction de vestale j'avais ajouté celle de chef de cuisine. Je préparai le dîner, qui, je dois en convenir, n'exigea pas de ma part un grand talent culinaire, notre menu consistant uniquement dans un morceau de bœuf salé, que je fis bouillir, accompagné de biscuit et de thé.

Après le repas, Musgrave me donna le bras et me conduisit à notre nouvelle habitation, où nos provisions furent transportées. Devant l'entrée on alluma un grand feu, que chacun devait entretenir à tour de rôle pendant la nuit; puis nous nous étendîmes par terre sur quelques planches et nous essayâmes de prendre un peu de repos.

Il n'était pas encore nuit; le crépuscule me permettait d'apercevoir les objets environnants; mes compagnons, fatigués, avaient commencé à s'endormir, quand une multitude de bruits étranges attirèrent mon attention. C'étaient les lions de mer qui quittaient les eaux de la baie, où pendant le jour ils avaient poursuivi leur proie, et qui venaient se réfugier pour la nuit dans le fourré. J'entendis les voix des femelles qui appelaient, sans doute pour les allaiter, leurs petits, très nombreux à cette époque de l'année. De temps en temps retentissait un rugissement poussé par quelque mâle. Bientôt un vacarme d'herbes froissées, d'haleines ronflantes, de toux rauques, s'éleva de tous côtés autour de nous.

Tout à coup un tapage plus violent encore couvrit tous ces bruits. C'étaient des craquements de branches brisées et des coups précipités comme si l'on eût frappé le sol humide avec des battoirs.

Mes compagnons, réveillés en sursaut, se levèrent. Alick, le premier debout, saisit la hache. Les autres, armés chacun d'un gourdin, s'élancèrent hors de la tente. Entraîné par la curiosité, je les suivis.

A quelques pas de notre camp, deux lions de mer se livraient bataille. Notre apparition ne les inquiéta guère, car ils continuèrent à se battre en notre présence avec le même acharnement.

Puis nous nous étendîmes par terre.

Chacun d'eux pouvait avoir environ deux mètres et demi de long et à peu près deux mètres de circonférence à l'endroit des épaules. Leur corps s'amincissait ensuite et se terminait par deux petites nageoires. Il était couvert d'un poil court, serré, lisse, de couleur chocolat. Les nageoires de devant, longues de quarante à cinquante centimètres, étaient garnies en dessus d'une fourrure fine et délicate, fauve ou plutôt bronzée, et en dessous d'une peau épaisse, noire et ridée. Ces grandes nageoires étaient attachées par un bras court et gros à leurs énormes épaules. Celles-ci, ainsi que le cou et une partie de la tête, étaient recouvertes d'une crinière touffue, couleur gris de fer, que, durant leur combat, les deux champions tenaient hérissée et secouaient par moments avec colère.

Dressés l'un contre l'autre, les yeux ardents, les naseaux gonflés et aspirant l'air bruyamment, les babines relevées, tremblantes de rage, ces monstres ouvraient leur énorme gueule, surmontée de longues moustaches raides, et montraient de formidables canines. A chaque instant ils se jetaient l'un sur l'autre et se mordaient, s'enlevant parfois de grands lambeaux de chair ou se faisant des entailles d'où le sang coulait à flots. Ils déployaient une audace, une vigueur et un acharnement vraiment dignes de leur terrible homonyme terrestre, le monarque des déserts africains.

Après avoir contemplé quelque temps ce curieux spectacle, nous résolûmes de mettre fin à la bataille, dont le bruit nous eût empêchés de dormir. George et Harry eurent l'idée d'aller chercher des tisons enflammés et de les jeter au milieu des combattants. Ce moyen eut un plein succès. Devant cet ennemi inconnu, qui leur brûlait les flancs, les deux phoques reculèrent en poussant des rugissements et s'enfuirent dans le fourré chacun de son côté. — Il paraît que leur haine n'était pas assouvie, car nous les entendîmes bientôt s'attaquer de nouveau, mais trop loin pour nous incommoder.

La nuit se passa paisiblement. Toutefois, sur nos planches dures et humides, nous ne goûtâmes qu'un sommeil pénible, agité par de continuels cauchemars, et le lendemain nous nous levâmes courbaturés, fiévreux, plus fatigués que la veille.

La pluie avait cessé et le vent s'était un peu modéré; les nuages s'entr'ouvraient par places et nous laissaient voir quelques pans de ciel bleu.

Tout autour de la tente nous aperçûmes des traces de lions de mer; quelques-unes étaient encore chaudes, mais les amphibies avaient disparu; ils étaient tous retournés à la mer.

Cependant, comme nous allions nous retirer, un léger frôlement, qui se fit dans le fourré voisin, nous dénonça la présence de quelque retardataire qui se disposait à regagner le rivage. Désireux de connaître le goût de la chair de ces animaux — qui allaient, avant peu, devenir notre unique nourriture, — mes camarades, armés de la hache et de gourdins, se mirent à sa poursuite. Au milieu de cet inextricable réseau de végétation, il avait sur eux un grand avantage. Tandis qu'ils s'embarrassaient dans les hautes herbes, risquant à chaque pas de tomber dans un trou ou dans une crevasse, et qu'ils escaladaient péniblement les troncs d'arbres couchés dont j'ai parlé; le phoque se faufilait aisément sous les broussailles et se rapprochait de la mer. J'entendis plusieurs fois les chasseurs se demander les uns aux autres de quel côté il avait disparu, s'arrêter et se tenir tranquilles pour prêter l'oreille, puis, renseignés par quelque indice, se remettre tout à coup en marche. Ce manège dura près d'une demi-heure; l'animal les entraîna si loin, que le bruit de leurs pas ni même celui de leurs voix n'arrivaient plus jusqu'à moi; enfin des acclamations retentirent à plusieurs reprises : je compris que mes compagnons avaient atteint le fugitif et s'en étaient emparés.

Bientôt, en effet, je les vis revenir, portant chacun sur leur dos une partie de la bête.

Ce retour ne s'était pas opéré sans difficulté. Ils avaient suivi le bord de la mer, pour ne pas avoir à traverser encore une fois le fourré. Or ils avaient dû tantôt entrer dans l'eau jusqu'à mi-corps en contournant la base d'une falaise taillée à pic, tantôt, tout chargés qu'ils étaient, escalader des rochers escarpés, exposés dans le premier cas à être entraînés par le courant, et dans le second à tomber au fond de quelque précipice. Heureusement il n'en fut rien; ils arrivèrent sains et saufs, courbés sous leur fardeau, leurs habits ruisselants d'eau de mer et tout souillés par la chair encore fumante du phoque.

Après s'être nettoyés avec l'eau claire du ruisseau et séchés devant un bon feu, ils firent honneur au repas que je leur avais préparé; après quoi, Musgrave, George et Alick profitèrent de la marée basse pour aller à bord du *Grafton* chercher les objets que nous n'avions pu prendre et qui étaient restés sur le pont.

Pendant ce temps-là, Harry et moi nous nous occupâmes des soins du ménage. Nous transportâmes hors de la tente nos provisions, nos outils, tout ce que nous y avions placé à la hâte et qui avait été mouillé par la mer ou par la pluie, y compris les bouts de planches sur lesquels nous couchions, pour les faire sécher au grand air; puis nous allumâmes au milieu un grand feu pour sécher aussi le sol et assainir autant que possible notre habitation.

CHAPITRE VI

LES MOUCHES BLEUES. — NOS OISEAUX. — PREMIER ROTI DE PHOQUE
PROJET DE BATIR UNE MAISON. — LA PRIÈRE EN COMMUN.

Il existe aux Auckland une quantité incroyable de grosses mouches bleues. Moins délicates que nos mouches d'Europe, elles résistent au froid et vivent en toute saison. Même en hiver elles conservent leur activité et continuent à déposer leurs larves, surtout au moment des fortes pluies, des brouillards ou par les temps humides, et comme, aux Auckland, l'humidité, les brouillards ou les pluies règnent presque sans interruption, ce pays est pour elles un vrai paradis. Un morceau de bois pourri, le cœur d'une fougère en décomposition, ou même toute plante qu'un lion de mer aura frôlée en passant, mais surtout la place où ces animaux sont restés couchés, tels sont les endroits qu'elles affectionnent ; elles s'y rassemblent en foule pour y pondre.

Ces dégoûtants insectes furent pour nous un fléau, contre lequel il nous fallut prendre toute sorte de précautions. Ils avaient pénétré en grand nombre dans notre tente et avaient laissé partout des marques de leur présence ; à mesure que Harry remuait les objets pour les porter dehors, ils s'envolaient par essaims, sans vouloir sortir, et allaient se poser, en s'agglomérant, contre les parois intérieures. Mais bientôt, quand le feu fut allumé, ils s'agitèrent, sans doute incommodés par la fumée, prirent leur vol, tourbillonnèrent quelque temps en faisant entendre un bourdonnement insupportable et finirent par s'échapper au dehors.

« A quelque chose malheur est bon », dit un proverbe, qui cette fois encore fût justifié. Ces mouches qui nous importunaient, attirèrent de charmants oiseaux, dont la compagnie et surtout les chants nous furent extrêmement agréables. N'ayant jamais été effarouchés, ils venaient voltiger autour de nous et se posaient sur les branches des arbustes à portée de la main.

Le premier qui nous rendit visite fut un petit robin bleu, à poitrine grisâtre avec une tache rouge au centre. Il avait une petite voix claire argentine, mais peu sonore. Plusieurs de ces jolis oiseaux s'assemblaient devant l'entrée ou sur les côtés de la tente, fixant sur nous, en penchant la tête, leur petit œil attentif, qui surveillait tous nos mouvements. Ils étaient très friands de mouches; ils les saisissaient au vol, ou bien ils venaient les prendre tantôt au bout de nos doigts quand nous leur en présentions, tantôt sur nos habits, où ils se posaient lorsque nous restions tranquilles.

Nous avions aussi pour voisins, dans le fourré, de petits perroquets verts à tête rouge, dont la présence nous étonna beaucoup, la première fois que nous les vîmes, dans cette île au climat froid et humide. Ces oiseaux ne se plaisent en général que sous les tropiques ou dans les régions qui n'en sont pas éloignées. Les nôtres cependant paraissent fort dispos et pleinement satisfaits de leur sort. Il ne me semble pas impossible que quelque ouragan soufflant du nord ait un jour apporté plusieurs individus de cette espèce de la Nouvelle-Zélande. Trouvant aux Auckland des arbustes au feuillage perpétuel pour s'abriter, et une grande abondance de graines pour se nourrir, ils s'y seront acclimatés.

Mais l'espèce la plus commune et en même temps la plus intéressante qui habite cette île est un oiseau d'un vert brun, légèrement jaunâtre en dessous, insectivore comme le robin et non moins friand de mouches. Il a à peu près la taille du serin et il est, comme ce dernier, d'une gaieté intarissable. Qu'il fasse beau ou qu'il fasse mauvais, peu lui importe, il chante à plein gosier. Lorsque nous traversions le fourré, nous avions toujours une troupe de ces oiseaux voltigeant autour de nous ou perchés sur les arbres environnants. Nous marchions au milieu d'un concert. Gonflant leurs plumes, se tournant les uns vers les autres comme pour s'exciter mutuellement, les aimables petits musiciens lançaient à qui mieux mieux leurs notes sonores et mélodieuses. Quelquefois, pour les stimuler encore davantage, je m'amusais à siffler moi-même quelques cadences : c'était alors une explosion d'harmonie, tous chantaient à la fois, on se serait cru dans une volière.

Nous rencontrions aussi, mais plus rarement, un oiseau noir de la grosseur d'un merle. Les plumes de son cou sont longues, forment collerette comme celles du coq ; elles ont les reflets du bronze. Au haut et sur le devant de la poitrine, il y a deux grandes plumes blanches, légères, flottantes, qui font l'effet d'un rabat et lui donnent l'air d'un ministre de l'Église anglicane.

Un oiseau de proie fait une guerre acharnée à ces inoffensifs passereaux : c'est un faucon pareil à ceux d'Europe, et très commun aux Auckland. Nous voyions souvent ces oiseaux perchés par couples sur les arbres morts du rivage, immobiles, silencieux, la tête enfoncée dans les épaules, leur grand œil fixe explorant l'espace.

Quand nous eûmes réussi, au moyen de la fumée, à nous délivrer des nuées de mouches qui avaient envahi la tente, nous nous occupâmes du phoque que nos compagnons avaient tué. C'était une femelle d'un an, qui pesait à peu près cent kilos. Sa peau, que Musgrave avait apportée, était couverte d'un pelage ras, lisse, brun, à reflets argentés. Harry défit un bout de cordage en plusieurs brins, avec lesquels il suspendit un quartier de la bête à une branche d'arbre ; j'allumai tout auprès un grand feu et je fis tourner le rôti en le touchant de temps en temps avec une gaulette que j'avais coupée dans le voisinage, de façon qu'il se trouva cuit à point pour notre dîner.

Vers midi nos camarades revinrent au camp, rapportant la boussole du *Grafton*, que Musgrave avait démontée, quelques voiles, ce qu'ils avaient pu sauver d'ustensiles de cuisine et de table, la grosse marmite en fer et nos coffres. Ils avaient aussi déposé à terre toutes les futailles vides ; ils les avaient laissées sur le rivage, hors de l'atteinte de la marée.

Quelques instants après, assis en cercle sur des bouts de planches devant l'entrée de la tente, nous attaquions bravement notre morceau de phoque rôti. Cette chair noire, grossière, huileuse, qui flattait aussi peu l'odorat que le goût, nous parut un pauvre régal. Mais il fallait nous y accoutumer; si cette viande, qui provenait d'un jeune animal, nous répugnait, que serait-ce quand nous serions contraints de manger celle des vieux? car il était probable que nous ne serions pas toujours à même de choisir notre gibier.

Notre faim, sinon notre gourmandise, à peu près satisfaite, nous ouvrîmes les coffres pour en retirer et faire sécher les objets qu'ils contenaient. Par bonheur, la poudre qui était dans le mien n'avait pas été mouillée; elle était renfermée dans des boîtes de fer-blanc, d'une livre chacune, et parfaitement bouchées. Le chronomètre de Musgrave, grâce au coffret rembourré qui le protégeait, n'avait pas souffert non plus; malgré les chocs, il ne s'était même pas arrêté. Les autres instruments étaient nos sextants, un baromètre métallique et un thermomètre Fahrenheit. Tout le reste, les cartes marines, les quelques livres que nous avions emportés et nos effets — malheureusement nous n'en avions pris que très peu, comptant ne faire qu'une courte absence, — tout était inondé.

Mon fusil était couvert de rouille; tandis que j'étais occupé à le nettoyer, mes compagnons étalèrent sur des troncs d'arbres, suspendirent à des branches les habits, le linge, et allumèrent aux alentours plusieurs grands feux.

Vers le soir, tous les objets étaient rentrés, mis en place sous la tente, et nous pûmes, enveloppés de couvertures sèches, goûter un peu de bien-être et de repos.

Cependant, la pluie ayant recommencé à tomber pendant la nuit, nous reconnûmes l'insuffisance de notre abri de toile sous un pareil climat, et nous songeâmes, dès que le jour eut reparu, à nous construire une demeure plus confortable, une maisonnette en bois.

Quoique marchant encore avec difficulté, je sentais mes forces revenir et je suivis mes compagnons jusqu'à l'embouchure du petit ruisseau qui passait près de la tente. Il allait se jeter dans la baie, presque en face du navire échoué. Tout à côté il y avait une petite grève couverte de débris de rochers : nous la déblayâmes tant bien que mal, de manière à pouvoir hisser notre canot à terre, hors de l'atteinte de la marée et

J'allumai un grand feu et je fis tourner le rôti.

des vagues. Un peu plus haut, sur la même plage, se trouvait une petite colline ou plutôt un mamelon, élevé tout au plus d'une dizaine de mètres, et couvert, comme le reste du littoral, d'une épaisse végétation. Comme nous désirions nous éloigner le moins possible du *Grafton*, cet endroit nous parut convenable, d'autant plus que son élévation relative devait rendre facile de s'y préserver de l'humidité. Nous résolûmes donc d'y bâtir notre habitation.

Pendant trois jours, Musgrave, George et Alick furent occupés à abattre des arbres, à les couper par morceaux et à les mettre en tas sur un des côtés du monticule. Harry faisait la cuisine et allait de temps en temps leur donner un coup de main. Pour moi, ne pouvant me livrer à un travail fatigant, je raccommodais les vêtements déchirés de mes camarades.

Quand on eut ouvert un espace suffisant, on employa un autre jour à niveler le terrain, et le lendemain, comme les arbres de l'île ne fournissaient qu'un bois tortueux, rempli d'angles et de courbes, tout à fait impropre à la construction, ce fut au *Grafton* qu'on alla emprunter les matériaux nécessaires. Mes compagnons rapportèrent les vergues et les mâts les plus légers, destinés à la charpente de notre bâtiment.

Pendant ces cinq jours il fit presque continuellement mauvais. Nous essuyâmes une bourrasque aussi forte que celle qui nous avait jetés à la côte. Quand enfin la pluie et le vent cessèrent, le ciel resta couvert, chargé de nuages noirs et épais, qui ne laissaient passer qu'une lumière terne, un crépuscule grisâtre, lugubre. Et nous étions en plein été.

J'ouvre mon journal et j'y lis les notes suivantes :

« Aujourd'hui dimanche, une légère brise venant de l'ouest a chassé les nuages ; on voit enfin le ciel, son azur lumineux s'étend au-dessus de nos têtes. Cette nature qui nous environne et qui naguère nous semblait si rude, si sauvage, si inhospitalière, quand l'ouragan la tenait courbée sous sa puissante étreinte, se relève maintenant; elle est comme transfigurée; la voici douce, souriante. Devons-nous y voir un heureux présage, une promesse de bonheur, de prochaine délivrance ?

Ou bien le Créateur veut-il, par ce doux appel, toucher nos cœurs, nous reprocher tendrement notre oubli, notre indifférence à son égard? Car si, dans notre enfance, nous avions éprouvé des sentiments religieux, nous les avions depuis laissés s'éteindre ou du moins s'assoupir en nous, engourdis que nous étions dans une sécurité trompeuse, ou bien souvent retenus par une fausse honte, par la sotte crainte du ridicule.

En ce moment de trêve et de bénédiction, après la sévère épreuve que nous venons de subir, nous sentons tous, au fond de nos cœurs, s'éveiller un irrésistible besoin de piété, je ne sais quel mouvement secret, quel élan intérieur qui nous porte en même temps à nous humilier et à adorer.

Nous appartenons à des communions différentes, mais qui de nous s'en souvient? Comme toutes les divisions se sont effacées, toutes les barrières abaissées! Nous avons maintenant tous les cinq la même croyance, la même foi, celle de l'homme qui se trouve seul à seul, face à face avec son Créateur, avec l'Être infini et tout-puissant, et qui lui confie humblement ses peines, ses besoins, ses espérances.

Musgrave avait une Bible; il l'avait trouvée dans son coffre, où elle avait été mise, à son insu, par sa femme, avant son départ de Sydney. Nous l'avons prié de nous lire quelque beau passage de l'Évangile, et, rangés en cercle autour de lui devant la tente, nous l'avons écouté avec un profond recueillement.

Comme ces paroles : « Venez à moi, vous qui souffrez, et je vous soulagerai », nous ont touchés! Cette recommandation . « Aimez-vous les uns les autres », nous a arraché des larmes.

Ces passages, nous les connaissions, nous les avions lus ou entendus bien des fois, mais jamais ils n'avaient eu pour nous une pareille portée, un sens aussi frappant, aussi profond. Il nous semblait qu'ils s'adressaient directement à nous, qu'ils avaient été écrits pour nous. Ils sont bien véritablement divins.

Après cette lecture nous nous sommes agenouillés et une fervente prière a été prononcée à haute voix.

CHAPITRE VII

CONSTRUCTION DE LA CHARPENTE ET DE LA CHEMINÉE DE LA CABANE.
VISITE AU BRAS DE L'OUEST ET A L'ILE MONUMENTALE.

Nous avions les matériaux nécessaires à la construction de notre édifice : il s'agissait d'en tirer bon parti. Sur ce point, je n'étais pas sans expérience et me trouvais en état de rendre quelques services. Durant les premières années de mon séjour en Australie, quand je devais rester quelque temps dans un endroit, j'avais l'habitude de remplacer la tente que j'avais d'abord dressée par une demeure plus solide ; je bâtissais une hutte avec des troncs d'arbres, dont l'écorce me servait à couvrir la toiture ; j'y ajoutais même une cheminée faite avec des cailloux et de la terre glaise.

Tandis que j'étais encore trop faible pour mettre la main à l'œuvre, mes compagnons, novices en ce genre de travail, et craignant tantôt de gâter une pièce de bois, tantôt de n'en pas faire le meilleur emploi possible, venaient souvent me consulter. Mais au bout de peu de jours je pus me joindre à eux et les aider. Je fus à la fois architecte et maçon. En une semaine nous avions érigé de la manière suivante la charpente de notre maisonnette :

Aux quatre coins d'un rectangle ayant sept mètres de long sur cinq de large, quatre forts poteaux, faits avec des tronçons de mâts, furent plantés en terre à un mètre de profondeur. Pour les empêcher d'enfoncer davantage dans la tourbe, nous fîmes reposer chacun d'eux sur une grosse pierre ; puis, afin de les consolider, nous comblâmes les trous avec des pierres plus petites, fortement tassées. Chaque poteau s'élevait à un peu plus de deux mètres au-dessus du sol et avait à son extrémité supérieure une entaille. Ces entailles étaient destinées à recevoir quatre traverses horizontales, faites avec les mâts de flèche et les vergues les plus légères du *Grafton*, et liées solidement ensemble ainsi qu'aux sommets des poteaux avec des cordages.

Au milieu des deux petits côtés, en face l'un de l'autre, nous avions planté deux autres pieux, plus forts et plus longs que ceux des angles. Nous avions employé à cet usage la plus grosse vergue de la goélette, coupée en deux morceaux de même longueur: les deux pieux dépassaient la hauteur des traverses d'un peu plus de deux mètres. Le mât de hune posé horizontalement sur leurs extrémités devait supporter le sommet de la toiture. Il traversait le milieu du rectangle dans toute sa longueur à une hauteur de quatre mètres et demi.

Placés par couples, à égale distance les uns des autres (environ un demi-mètre), et liés par un bout au mât de hune, vingt-huit chevrons — quatorze de chaque côté — descendaient obliquement sur les deux longues traverses latérales, où ils étaient fixés par leur autre bout au moyen de solides ligatures. Nous n'avions pas de clous : les cordages de la goélette nous en tenaient lieu.

Ces chevrons nous avaient été fournis par les petits pins de montagne dont j'ai parlé. Tenant à ce qu'ils fussent droits, nous avions perdu beaucoup de temps à les trouver, dans ce pays où tous les arbres, même les pins, sont tortus.

Ce n'est pas tout. Au milieu du grand côté de la maisonnette qui regardait l'intérieur de l'île, deux forts poteaux, plantés à un mètre l'un de l'autre, tout en aidant à supporter la traverse, devaient servir de cadre à la porte d'entrée. Nous fîmes ouvrir une porte de ce côté pour qu'elle ne fût pas exposée au vent de mer. Sur l'autre face, tournée vers le rivage, il y avait aussi deux poteaux semblables : c'était l'emplacement de la cheminée, dont la construction nous occupa toute la semaine suivante.

J'avoue que nous n'étions guère expéditifs et que notre ouvrage marchait lentement; mais aussi que d'obstacles nous avions à surmonter! Au mauvais temps qui nous contrariait sans cesse, à la difficulté de nous procurer nos matériaux et ensuite de les mettre en œuvre faute de bons outils, venait se joindre la nécessité de faire la chasse aux lions de mer, dont nous faisions notre principale nourriture, afin d'épargner le peu de provisions qui nous restaient, sans parler de tous les soins du ménage dont il fallait bien nous acquitter.

La construction de notre cheminée était d'ailleurs une affaire assez compliquée. A l'endroit du foyer, nous avons dû creuser un grand trou et le remplir de cailloux, afin d'empêcher le sol de brûler. Les angles extérieurs du corps furent faits avec des pieux reliés entre eux et au reste de la charpente par des traverses. Pour l'intérieur, nous ne pouvions employer le bois; il fallait de la pierre et de la maçonnerie. Nous choisîmes donc, parmi les fragments de roche qui encombraient le rivage, les morceaux les plus plats, et après les avoir transportés, non sans peine, sur le monticule, nous en fîmes l'âtre ainsi que les murs des côtés et du fond : ceux-ci furent soutenus à l'extérieur par une rangée de pièces de bois enfoncées en terre.

Comme nous n'avions pu trouver de terre glaise pour remplacer le plâtre et relier nos pierres, il fallut s'ingénier à inventer une autre sorte de ciment. Nous allâmes donc, munis de sacs (qui avaient autrefois contenu du sel), sur le bord de la mer et nous ramassâmes une grande quantité de coquilles de toute espèce. Nous les fîmes calciner pendant la nuit, et le lendemain nous eûmes un petit tas de chaux. Cette chaux, mêlée avec du gravier fin, pris sous les rochers du rivage, nous fournit un excellent mortier pour notre œuvre de maçonnerie. Mais quand celle-ci fut terminée, bien que je me fusse servi d'une palette de bois en guise de truelle, j'avais le bout des doigts et presque toute la main droite au vif. La chaux en avait détruit l'épiderme.

Les compliments de Musgrave, qui témoigna beaucoup d'admiration pour mon travail, me furent très agréables, mais pas au point de me faire oublier la vive cuisson que je ressentais. — Des lotions d'eau claire et quelques applications d'huile de phoque m'eurent bientôt guéri.

Il s'agissait maintenant de construire le tuyau de la cheminée. Quatre perches, de douze pieds de longueur, dressées verticalement, mais légèrement inclinées les unes vers les autres, de façon à former une sorte de pyramide tronquée au sommet, furent scellées sur les murs. On les relia les unes aux autres par une quantité de petites traverses, disposées comme les échelons d'une échelle, et sur lesquelles nous clouâmes, à l'intérieur d'abord, puis ensuite à l'extérieur, une double paroi faite avec des feuilles de cuivre.

Ce cuivre, c'étaient nos deux matelots, Alick et George, qui allaient l'arracher des flancs du *Grafton*, tâche aussi pénible que dangereuse. Profitant de quelques marées fort basses que nous eûmes alors — c'était le moment de la pleine lune, — ils arrivaient à l'épave, et, entrant dans l'eau jusqu'à mi-corps, ils détachaient les feuilles de cuivre dont le navire était doublé. Ils se servaient pour cela d'une pince de fer que j'avais fabriquée avec une des tringles des haubans de misaine; j'en avais aplati, puis un peu fendu et recourbé le bout. Tandis que l'un, avec la pince, soulevait les feuilles, l'autre recueillait soigneusement tous les petits clous qui les retenaient. Ces clous nous servirent à fixer les lames de cuivre sur la charpente.

Bien qu'ils ne pussent travailler chaque fois que deux heures, en trois marées George et Alick eurent enlevé assez de cuivre pour nous permettre d'achever notre tuyau de cheminée.

Dimanche 17 janvier. Le vent est du nord, le temps couvert et menaçant, le baromètre baisse.

Durant ces derniers jours, la température avait été douce, mais nous avons payé cher cette courte apparition de l'été. Le rivage a été envahi par une multitude de petites mouches noires, dont la chaleur avait favorisé l'éclosion, et qui sont venues nous trouver jusque sur notre monticule.

Ces insectes font une piqûre à peu près aussi désagréable que celle des cousins et des moustiques. Nos figures et nos mains en étaient toutes boursouflées. Ils y mettaient un tel acharnement, qu'ils s'introduisaient jusque sous nos vêtements. Quand ils s'étaient posés sur la peau, rien ne pouvait leur faire lâcher prise. Nous avions beau agiter les bras, souffler dessus de toute la force de nos poumons, ils ne se dérangeaient pas, ils s'aplatissaient, serraient leurs ailes contre leur corps de façon à faire le moins de volume possible, et continuaient à nous mordre et à nous sucer le sang avec fureur. Il fallait

En trois marées George et Alick eurent enlevé assez de cuivre....

absolument les écraser sur place, de sorte que nous passions notre temps à nous donner nous-mêmes des soufflets sur le visage et sur les mains.

Nous avions l'air de maniaques, d'épileptiques. A tout moment, l'un de nous, tourmenté par des démangeaisons insupportables, quittait son ouvrage, jetait son outil par terre avec dépit et se démenait, se frottait le dos contre un des poteaux de la charpente. Souvent les autres éclataient de rire, et le patient aussi, mais non sans maugréer.

Je remarquai que ces mouches déposaient leurs larves, en prodigieuse quantité, sur les débris de plantes marines que les flots apportaient sur le rivage. Lorsque nous nous arrêtions près de ces plantes, ou que nous les frôlions en passant, il s'en élevait des nuées de moucherons qui nous forçaient bien vite à nous sauver.

Lundi 18. Nous avons été tous occupés dans le fourré à chercher, à couper et à transporter sur le monticule des pièces de bois à peu près droites pour construire les murs de la cabane. Comme elles n'avaient pas besoin d'être aussi longues que les chevrons de la toiture, nous avons eu un peu moins de peine à les trouver.

Mardi 19. Ce matin, le temps, toujours couvert, mais moins chargé, et la hausse du baromètre nous engagent à profiter d'une légère brise de l'est qui vient de se lever pour aller faire une excursion sur les eaux de la baie et visiter le Bras de l'ouest.

Après le déjeuner, nous avons lancé notre canot, sur lequel nous avions mis le mât, la voile et les avirons, ainsi que nos gourdins et mon fusil. Chacun prit son couteau à gaine, et, munis d'une ligne de sonde, d'une boussole et d'un petit carnet pour noter nos observations, nous nous sommes embarqués.

En face de la péninsule de Musgrave, à l'entrée du Bras de l'ouest, il existe une petite île, ou plutôt un énorme rocher, dont le sommet est couvert d'une épaisse végétation. Cet îlot a la forme d'un coin dont le côté le plus élevé fait face à la baie. Nous lui avons donné le nom d'île Masquée, parce qu'il n'est séparé de la terre que par un étroit passage dont l'entrée, du côté nord, est garnie de récifs presque à fleur d'eau et tout à fait découverts à marée basse. A l'autre extrémité du passage, la mer a une profondeur de vingt mètres. C'est un endroit assez abrité, ouvert seulement au vent du sud, qui, lorsqu'il s'élève, y souffle avec une grande violence. En toute autre circonstance, un navire peut trouver là un abri assez sûr. Le fond est composé de sable et de débris de coquillages mêlés à la vase : une ancre y mord parfaitement.

La boussole éprouva ici une forte déviation, causée évidemment par de grosses masses noires, conglomérats de pyrites de fer, que nous apercevions sur l'îlot et sur la côte voisine.

Après avoir fait ces observations, nous poursuivîmes notre route vers l'ouest.

La nappe d'eau qui suit cette direction est large de deux à quatre kilomètres, selon les sinuosités du rivage, et longue de dix environ. Sur les plages, de chaque côté, ainsi que dans l'eau, nous rencontrâmes de nombreuses bandes de phoques. Arrivés à l'extrémité, nous fûmes frappés d'admiration par la beauté grandiose et sauvage du tableau qui s'offrit à nos yeux. C'était un site digne du pinceau de Salvator Rosa.

Que l'on se figure un goulot, large à peine d'un demi-kilomètre et long de trois environ, resserré entre deux falaises perpendiculaires comme des murailles et ayant de huit cents à douze cents pieds de hauteur. La base de ces immenses rochers était perforée de nombreuses cavernes où les vagues s'engouffraient en produisant de sourdes détonations qui, répercutées de tous côtés, se prolongeaient indéfiniment. Cet étroit chenal n'était qu'une immense crevasse dans la montagne, et il est permis de croire que son existence est due au même phénomène volcanique qui, tout en soulevant le groupe des Auckland du fond de l'océan, sépare l'île Adam de la terre principale. La houle venant de l'ouest s'y précipite avec force et vient enfin se briser contre une petite île qui, située à l'extrémité du canal déjà très étroit, le divise encore en deux petites passes fort dangereuses. Celle du nord n'a presque pas d'eau, tandis que dans celle du sud, large d'environ cent mètres, l'eau est au contraire très profonde; mais le courant y est si rapide, par l'effet du flux et du reflux, qu'elle est impraticable pour un navire à voiles. Un bateau à vapeur

L'île Monumentale

seul pourrait tenter l'aventure avec quelque chance de succès[1].

Nous donnâmes à la petite île dont je viens de parler le nom d'île *Monumentale*, à cause de sa forme qui est assez remarquable. Carrée à sa base, elle s'élève, par une succession de gradins, comme une pyramide et se termine par un énorme bloc également carré. On dirait un mausolée colossal.

Les lions de mer sont ici extrêmement nombreux. Aussitôt qu'ils eurent aperçu le canot, ceux qui nageaient dans la baie se hâtèrent de venir à notre rencontre. En un moment, une bande très considérable de ces animaux eut entouré notre petite embarcation. Ils étaient cette fois beaucoup plus hardis que le jour de notre arrivée dans le port de Carnley. Quelques-uns des plus gros, passant rapidement à côté de nous, essayaient de saisir dans leur gueule le bout de nos avirons, dont, depuis quelques instants, nous étions obligés de nous servir. L'un d'eux eut même l'audace de se lancer hors de l'eau et d'enfoncer ses crocs dans l'avant de la barque ; il faillit la faire chavirer. Un coup de gaffe, appliqué fort à propos par Alick, lui fit lâcher prise, et, poussant un rugissement de fureur, il disparut dans les flots. On voyait sur le bord du canot l'empreinte profonde de ses mâchoires. Quelques coups de rames envoyés à droite et à gauche engagèrent ses camarades à se tenir un peu plus à l'écart.

Trouvant sur le rivage un endroit favorable pour aborder, nous débarquâmes, et, après avoir hissé le canot à terre, nous nous disposâmes à prendre notre repas.

Non loin de nous, sur une longue pointe de rocher, peu élevée au-dessus de l'eau et s'avançant dans la baie à droite de la passe, un énorme lion de mer, planté sur ses nageoires de devant, la tête haute, le reste du corps ramassé sur lui-même, dans l'attitude d'un chien assis, suivait d'un œil attentif, mais impassible, tous nos mouvements. Sa pose était vraiment majestueuse. Il avait sa crinière hérissée, rebroussée en avant, et portait les traces d'un récent combat.

---

1. La corvette coloniale à vapeur *Victoria* est le seul navire qui ait franchi cette passe. Elle y courut un grand danger et ne dut son salut qu'à la puissance de sa machine. Ce ne fut qu'avec beaucoup de lenteur et en déployant son maximum de force qu'elle parvint à vaincre la rapidité du courant.

Notre collation terminée, nous montâmes sur une petite éminence, tout à côté de l'entrée de la passe, pour jouir plus complètement de ce magnifique spectacle.

En redescendant, nous tuâmes deux lions de mer, qui étaient endormis sous un tronc d'arbre. C'étaient des jeunes, nouvellement nés, ne pesant environ que 40 kilos chacun. Nous les emportâmes dans le canot. Lorsque nous les fîmes cuire le lendemain, nous trouvâmes leur chair supérieure à celle des autres jeunes qui, ne tétant plus, ont commencé à se nourrir de poisson.

En revenant, nous ne pûmes nous servir de la voile, le vent nous étant devenu contraire, et il nous fallut parcourir à la rame une distance de 18 kilomètres. Nous n'arrivâmes au camp que le soir, rompus de fatigue.

CHAPITRE VIII

ACHÈVEMENT DE NOTRE CHAUMIÈRE. — JE FABRIQUE DU SAVON.
DU HAUT DE LA MONTAGNE. — ÉRECTION D'UN SIGNAL.
LES CORMORANS.

Le lendemain, nous nous remîmes à la construction de la maisonnette.

Les pieux que nous avions coupés dans le fourré furent enfoncés en terre à 30 centimètres les uns des autres sur les quatre côtés du petit édifice, et attachés par le haut aux traverses de la charpente. Puis, sur toute la surface de cette palissade, nous fixâmes des rangées horizontales et parallèles de gaulettes espacées seulement de 15 centimètres; nous en fîmes autant sur les chevrons de la toiture. Il s'agissait maintenant de boucher les vides de tout ce treillis en le garnissant de paille.

Nous nous servîmes pour cela d'une herbe grossière, longue et forte, qui croît en touffes épaisses sur les bords de la mer et sur le sommet des falaises. Chacun de nous, muni d'une corde, partait le matin pour aller à la récolte de cette herbe, et en rapportait, dans la journée, trois ou quatre bottes énormes. Cette besogne, qui, aux yeux du lecteur, peut avoir l'apparence d'un amusement champêtre, d'une partie de plaisir, fut en réalité celle qui nous donna le plus de peine.

Dans les touffes que nous moissonnions il y avait un grand nombre de brins secs mêlés aux verts, et ces brins secs, extrêmement durs, étaient dentelés et tranchants sur les bords. Or il fallait les saisir et les scier près du pied avec un couteau. Nous revenions, le soir, les mains criblées de coupures, littéralement hachées. Toutes ces petites blessures, qui n'avaient pas le temps de se fermer, arrivèrent à nous causer une cuisson si douloureuse que nous dûmes plus d'une fois interrompre notre ouvrage.

Quand enfin nous eûmes amassé une quantité d'herbe suffisante, nous employâmes plusieurs jours à la lier avec des cordelettes par petits paquets à peu près de la grosseur du bras. A mesure que ces paquets étaient faits, mes compagnons me les passaient, et, les posant sur un billot, à coups de hache je coupais tous les brins qui, en long comme en large, s'écartaient trop du faisceau.

Il nous fallut, pour couvrir les parois et la toiture de notre chaumière, neuf mille de ces petites gerbes, et voici comment nous les disposâmes :

Commençant par le bas de la charpente, nous les liâmes contre les gaulettes les unes à côté des autres en les mettant exactement de niveau et sans laisser aucun intervalle entre elles. Quand le premier rang fut terminé, nous plaçâmes le second, qui le recouvrait en partie, puis au-dessus du second le troisième, et ainsi de suite jusqu'au haut des murs, puis jusqu'au sommet du toit. Les gerbes avaient environ un mètre de long et formaient un revêtement de 30 centimètres d'épaisseur.

Pour empêcher le vent d'avoir prise sur nos parois de chaume et de les arracher, nous y appliquâmes extérieurement plusieurs cordons de gaulettes, reliées à celles de l'intérieur par des points de couture que nous fîmes à travers la paille avec une aiguille de bois — une aiguille qui avait les dimensions d'une lame de sabre. Dans le haut de nos murailles nous avions ménagé trois petites ouvertures : nous y encadrâmes bien exactement des carreaux de vitre qui avaient appartenu à la cabine du *Grafton* et que nous avions retrouvés intacts. Ce furent nos fenêtres.

Cet ouvrage achevé, l'état de nos mains, encore une fois tailladées par le contact des herbes coupantes, nous obligea à prendre quelques jours de repos.

Nous les employâmes à réparer nos hardes, qui avaient grand besoin de nos soins. Nous ne pouvions entrer dans le fourré sans y faire quelque accroc. En outre, elles n'étaient pas moins maltraitées, sous le rapport de la propreté, par la chair de phoque que nous avions à dépecer et à transporter. Nous avions eu beau nous fabriquer, avec de la toile à voile, chacun un pantalon et une vareuse que nous mettions par-dessus nos habits pour exercer notre métier de chasseurs et de bouchers, nous ne parvenions pas à nous garantir complètement, et l'eau du ruisseau, que nous ne ménagions pourtant pas, était insuffisante à combattre les effets, tous les jours plus apparents, des tristes besognes auxquelles nous étions condamnés. Il y avait là une grosse question. Nous étions menacés ou de perdre le respect de nous-mêmes ou de devenir à nos propres yeux un objet de dégoût.

C'est alors que l'idée me vint d'essayer de faire du savon. Quand j'en parlai à mes camarades, ils accueillirent mon projet avec des doutes et des défis quelque peu moqueurs : ils ne voyaient pas comment je me procurerais les matières indispensables, à moins que je ne fusse en possession de moyens magiques, de paroles cabalistiques.... Je les laissai dire, me réservant de les convaincre par les résultats mêmes de l'expérience, que je me proposais de tenter dès le lendemain.

C'était le soir : après que j'eus pris sur mon journal les notes de la journée, je m'étendis à côté de mes compagnons sur notre dure couche de bois.

J'ai omis de dire que, parmi les objets sauvés du naufrage, nous avions trouvé une petite bouteille d'encre, qui me fut, à moi particulièrement, bien précieuse. Tous les soirs, avant de me coucher, j'écrivais sur le journal officiel du bord, qu'en ma qualité de *second* j'étais obligé de tenir durant le voyage, les observations météorologiques ou autres prises dans la journée. J'y joignais le récit sommaire de nos aventures et de nos actes; quelquefois je me laissais aller à y noter mes impressions personnelles.

Musgrave, de son côté, tous les dimanches ou tous les quinze jours, rédigeait sur son journal particulier l'histoire résumée de notre vie[1].

---

1. Ce journal de M. Musgrave, écrit en anglais, a été publié.

Il était convenu qu'au cas où le malheur nous poursuivrait jusqu'au bout et nous condamnerait à périr dans l'île, le dernier survivant d'entre nous enfermerait nos deux journaux dans une boîte en fer-blanc et qu'il enfouirait celle-ci sous un tas de cailloux, devant la porte de la maisonnette. Au moins, si l'équipage de quelque navire abordait en ce lieu, il recueillerait ce dépôt, et nos compatriotes (hélas! peut-être pas nos contemporains) seraient instruits de notre triste sort.

Vendredi 5 février. Depuis le 20 janvier nous avons eu quelques fortes brises, principalement de l'ouest, et de nombreuses averses de pluie. Avant-hier, et hier particulièrement, le vent était très violent; ce matin une brise modérée souffle du nord-ouest, le temps est clair et doux.

Musgrave, George et Harry viennent de partir pour tenter l'ascension de la montagne au pied de laquelle nous sommes campés. J'aurais désiré les suivre, mais je me sens encore trop faible sur mes jambes pour entreprendre une excursion aussi fatigante. Quant à Alick, le pauvre garçon n'est pas très bien depuis un jour ou deux, il a besoin de repos et reste avec moi.

Notre brave Norvégien, qui est plein d'activité et de zèle, aura sans doute abusé de ses forces ces jours derniers, en travaillant à transporter des paquets de paille, des pierres ou des pièces de bois sur le monticule, et le malaise qu'il éprouve est probablement le résultat de cet excès d'efforts. Puisse-t-il du moins en être ainsi!

Depuis que j'ai été malade, j'ai, à l'apparence de la moindre indisposition, une peur horrible que la maladie ne vienne fondre sur l'un de mes compagnons et ne se termine fatalement. Je suis persuadé que la mort de l'un de nous, dans les circonstances actuelles, frapperait d'une manière terrible le moral des autres et aurait peut-être pour tous les conséquences les plus funestes. Aussi ma constante prière est-elle que, dans notre affliction déjà si grande, Dieu nous épargne cette épreuve.

Dès que mes camarades furent partis, je me disposai à exécuter le projet que j'avais formé la veille : j'essayai de fabriquer du savon. Je coupai d'abord du bois et formai un bûcher qui pouvait avoir un mètre de hauteur; puis j'allai ramasser sur le rivage plusieurs grosses bottes d'herbes marines desséchées — que nos ennemies, les petites mouches noires, ne me laissèrent pas prendre impunément. — Je pris aussi une petite quantité de débris de coquillages. Le tout fut placé sur le bûcher, que j'allumai le soir et laissai brûler toute la nuit.

Le lendemain je trouvai un amas de cendres, que j'entassai dans un tonneau, posé debout sur deux gros blocs de bois et dans le fond duquel j'avais pratiqué de petits trous avec une vrille. Je versai de l'eau sur la couche de cendres, et l'opération que nous voyons tous les jours se faire dans un filtre à café s'effectua. L'eau passa et je recueillis un liquide chargé de soude, de potasse et d'une certaine quantité de chaux en dissolution. A ce liquide j'ajoutai de l'huile de phoque en proportion suffisante, je fis bouillir le mélange et j'obtins un excellent savon, qui fut pour nous, au point de vue du bien-être comme à celui de la santé, d'une inappréciable valeur.

La veille au soir, mes compagnons étaient revenus de leur excursion sur la montagne, exténués de fatigue. Le rôti de phoque froid que je leur servis, et qui composait généralement notre souper, leur parut excellent. — Quel appétit ne fallait-il pas que l'exercice leur eût donné! — Ils n'eurent pas moins d'indulgence pour le bouillon (toujours de phoque) dont nous faisions depuis quelques jours notre boisson ordinaire à tous les repas, afin d'épargner autant que possible le peu de thé qui nous restait et que nous avions jugé prudent de réserver pour les cas de maladie.

Ils parlaient avec beaucoup d'animation de ce qu'ils avaient vu; Musgrave m'en fit le récit détaillé :

Quand ils eurent, non sans peine, traversé le fourré et dépassé la limite des gros arbres, ils se trouvèrent en présence de difficultés plus grandes encore. Le terrain devenait tout à fait marécageux et était couvert d'une multitude d'arbustes, de lianes, d'herbes de toute sorte dont l'enchevêtrement formait une barrière tout à fait infranchissable. En cherchant un passage dans cette masse compacte, ils trouvèrent tout contre le sol un trou, une espèce de tunnel qui évidemment avait été pratiqué par un lion de mer d'assez petite taille. Encore cet animal ne devait-il y passer qu'en allongeant son corps et tenant sa tête baissée vers la terre. Il n'y avait pas à choisir, il fallait prendre cette voie. Ils se couchèrent donc à plat ventre, et, au risque de se trouver nez à nez avec quelque phoque, ils se mirent à ramper dans l'étroit conduit, au milieu de la vase, à travers des flaques d'eau. Quand ils sortirent de ce cloaque, leurs habits étaient enduits d'une couche de boue noire, qu'ils furent obligés de racler avec leurs couteaux.

Peu à peu cette épaisse forêt d'arbrisseaux et de broussailles s'éclaircit et fit place à une herbe qui poussait par grosses touffes comme celle du rivage, mais dont les brins n'étaient pas aplatis et tranchants. Le terrain montait toujours, la végétation, de plus en plus clairsemée, disparut tout à fait, il ne restait plus que les roches grisâtres du sommet de la montagne.

Ici il fallut faire une véritable ascension, par moments périlleuse. Les voyageurs eurent à escalader des rochers, quelquefois cramponnés à des anfractuosités, à des arêtes, et suspendus dans le vide. Enfin ils atteignirent le dernier pic, et une vue magnifique, qui se développa devant eux, les récompensa de leurs efforts.

On n'apercevait autour de soi que des pics, des arêtes, des escarpements. Çà et là quelques glaciers brillaient au soleil. Sur les pentes, mille petits ruisseaux, alimentés par les brumes presque perpétuelles qui s'accumulent autour de ces sommets, descendaient en serpentant, pareils à des rubans argentés.

En s'orientant, on reconnaissait au sud l'île Adam, la plus élevée du groupe, qui barrait l'horizon. A l'ouest s'étendait, du nord au midi, une longue crête dentelée par d'énormes masses de rochers, ressemblant à de colossales forteresses ; chaque dentelure était un précipice. Vers le nord, plusieurs arêtes moins élevées, partant de la chaîne principale et diminuant graduellement d'élévation, venaient aboutir, à l'est, aux falaises de la côte ; elles divisaient l'île en plusieurs grands sillons, dans lesquels devaient s'enfoncer des baies plus ou moins profondes, que l'on ne pouvait apercevoir. L'une de ces arêtes, la plus rapprochée, était couronnée par deux cimes, se dressant l'une à côté de l'autre sur la même ligne, le *Pic* et la *Tombe du Géant*. Plus près encore, à l'est, pointait un rocher isolé, creusé à son sommet d'une caverne.

Ils se mirent à ramper dans l'étroit conduit.

ÉRECTION D'UN SIGNAL.

Au delà de ces premiers plans, à l'extrémité septentrionale de l'île Auckland, on distinguait assez nettement plusieurs autres îles. La plus grande, assez plate, devait être l'île Enderby.

Au nord-est, la mer se brisait contre les nombreux récifs que nous avions aperçus lors de notre arrivée. Plusieurs lignes d'écume blanche, s'étendant à une dizaine de milles en mer, indiquaient la présence de ces écueils.

Enfin, plus loin encore, de tous côtés, le regard se perdait sur l'immense nappe de l'océan ; on avait beau l'explorer en tous sens jusqu'aux limites les plus reculées de l'horizon, on n'y voyait pas une seule voile.

« La vue de cette mer, dit en terminant Musgrave, de cette mer illimitée et déserte, m'a fait mal. » Il se tut, mais nous sentions bien ce que son silence renfermait de douloureuses pensées.

« Certes, reprit-il quelques moments après, en s'adressant à moi, je crois comme vous à la bonté de la Providence, mais elle nous confie les uns aux autres, elle veut que l'homme travaille pour ceux qui dépendent de lui. Moi, ici, que puis-je faire pour les miens et que deviendront-ils ? »

Je l'assurai, d'un ton de ferme conviction, qu'il les reverrait, qu'un jour ou l'autre nous serions délivrés.

« Eh bien, dit-il en s'efforçant de reprendre courage, ne négligeons donc rien de ce qui peut contribuer à notre salut. Nous avons omis une chose essentielle : c'est de planter un signal qui attire l'attention et qui indique notre présence. Un navire pourrait passer près de cette côte sans se douter que nous sommes ici. Il faut au plus tôt établir quelque part un signal. »

Nous fûmes tous de son avis, et il fut convenu que l'on s'en occuperait dès le lendemain.

Nous avions une bouteille vide. Musgrave, avant de se coucher, rédigea une note donnant les renseignements nécessaires, et l'introduisit dans la bouteille, qu'il cacheta ensuite avec un peu de goudron recueilli sur les planches du *Grafton*.

Samedi 6 février. Temps couvert et menaçant ; le vent est du nord et souffle avec une force croissante. Le baromètre a baissé pendant la nuit ; il ne serait pas prudent d'aller en canot sur la baie.

Tandis que je donne des soins à la fabrication de mon savon, Musgrave est allé, avec les autres, à bord de l'épave pour chercher des planches. Avec la pince de fer ils ont arraché la cloison qui séparait la cabine de la cale, et ils se sont procuré quelques clous, qui nous seront bien utiles pour confectionner l'*ameublement* de notre chaumière. Ils ont aussi enlevé ce qui restait de planches longues et étroites au bastingage de la goélette : elles serviront à faire un plancher, indispensable à la salubrité de notre nouvel abri.

Dimanche 7. Légère brise de l'ouest, temps clair, hausse du baromètre. Ce matin, de bonne heure, nous avons lancé le canot et nous sommes allés établir un signal sur la côte de la péninsule de Musgrave, située en face de l'entrée principale du port de Carnley. Alick, guéri de son indisposition, a pu nous accompagner.

Sur une des pointes de la péninsule, presque au centre de la passe, nous avons trouvé, au haut de la falaise, un endroit découvert qui nous a paru convenable. Nous avons enfoncé, à une bonne profondeur dans la tourbe, une perche longue et forte, surmontée d'un drapeau en toile à voile et assujettie au moyen de quatre cordes attachées en divers sens à des piquets. Au-dessus du drapeau, nous avons suspendu la bouteille contenant les instructions rédigées l'avant-veille par Musgrave.

Dans cette excursion, un fatal accident faillit arriver à ce dernier. Lorsque nous étions entrés dans le fourré pour chercher un pin qui pût servir de mât à notre pavillon, nous avions trouvé sur notre passage un lion de mer endormi. C'était une très jeune femelle, qui, réveillée par le bruit de nos pas, s'était mise à fuir précipitamment ; nous l'avions suivie.

Nous étions toujours armés de nos gourdins pour pénétrer dans le fourré ; mais ce jour-là, au lieu du sien, Musgrave avait pris mon fusil, que j'emportais chaque fois que nous allions sur la baie, et qui était chargé depuis plusieurs jours.

Pendant la chasse, s'étant trouvé assez près de l'animal, il avait tiré. Le premier coup avait fait feu, mais, chargé seulement à plomb, il n'avait produit aucun effet. Musgrave tira aussitôt le second : il ne

Le signal.

partit pas. Après avoir brûlé inutilement trois capsules, découragé, il venait de poser la crosse du fusil à terre pour recharger le premier canon, lorsque le coup partit. La balle traversa le bord de son chapeau tout près de son front. La figure noire de poudre et les traits un peu bouleversés par la surprise, Musgrave lâcha l'arme et, reculant d'un pas, s'appuya un instant contre un tronc d'arbre. Le croyant blessé, nous abandonnâmes la chasse pour courir à lui : la bête profita de cet incident ; elle gagna le bord de la mer et échappa à notre poursuite en se jetant dans les flots.

Quand notre signal fut dressé, nous prîmes quelques observations, car toutes les fois que nous allions sur la baie, nous avions l'habitude, Musgrave et moi, de relever en partie le plan du port. Nous avions adopté à cet effet un système de triangulation établi au moyen de la boussole. Nous ne négligions jamais non plus d'emporter notre ligne de sonde pour mesurer la profondeur de l'eau.

En revenant, nous passâmes près d'une pointe où nous vîmes une grande quantité de cormorans. Ces oiseaux, qui sont à peu près de la grosseur d'un canard, se rencontrent fréquemment aux îles Auckland. Ils sont la plupart du temps perchés sur les roches les plus basses qui s'avancent dans la baie, ou bien occupés à raser la surface des flots pour pêcher la sardine, dont ils sont très friands [1].

Désireux de varier un peu notre nourriture habituelle, je tirai deux coups de fusil sur les cormorans. J'en abattis vingt-six. Leur chair, malgré sa saveur huileuse, était moins désagréable que celle des lions de mer.

En longeant les falaises, nous eûmes l'occasion d'observer la constitution du terrain. Il nous parut composé de basalte, de trapp, de scories volcaniques grisâtres, peu spongieuses, très dures, et de quelques veines d'une pierre verdâtre et molle. Çà et là, sur le bord de la mer, nous trouvions des agglomérations de cailloux cimentés entre eux par une sorte de lave qui, lorsque nous en cassions un morceau, avait une belle couleur pourpre, tirant parfois sur le violet. Durant

---

1. Nous eûmes plus d'une fois l'idée de nous livrer aussi à la pêche des sardines et de nous fabriquer des filets avec de la toile à voile détissée ; mais les lions de mer, qui poursuivent ce poisson, nous les auraient détruits, et nous y renonçâmes.

tout notre séjour aux Auckland, nous n'avons jamais trouvé ni grès, ni ardoise, ni argile, ni craie.

Sur la côte nord de la péninsule de Musgrave je remarquai quelques couches d'un granit gris-jaunâtre, à gros grains, épaisses d'environ deux mètres et inclinant vers le sud-est selon un angle de 22°.

Un peu plus loin, après avoir dépassé l'isthme qui rattache la péninsule à la terre principale, la côte prenait l'aspect d'une colline brusquement tronquée et décrivait un arc de cercle au centre duquel les falaises pouvaient avoir cent mètres de hauteur. On y voyait, sur un point assez étendu, les traces récentes d'un éboulement, causé sans doute par les dernières pluies.

A partir de cet endroit, le vent d'ouest, devenant plus vif, nous força d'abattre la voile et de prendre les rames jusqu'à la baie du Naufrage, où nous arrivâmes dans l'après-midi.

Après avoir fait honneur au repas que Harry nous avait préparé, nous employâmes le reste de la journée à plumer nos cormorans, que nous suspendîmes ensuite par paires aux branches les plus élevées des arbres environnants, afin de les mettre hors de l'atteinte des mouches : nous avions remarqué que celles-ci ne volaient jamais bien haut, probablement à cause du vent. A cet égard, notre plan réussit à merveille ; mais bientôt un inconvénient se présenta que nous n'avions pas prévu. Les faucons, qui ont de bons yeux, ne tardèrent pas à apercevoir les appâts que nous semblions avoir mis là tout exprès pour eux, et ils accoururent en foule. Perchés sur des arbres qui bordaient le fourré, ils regardaient notre gibier d'un air de convoitise, n'attendant qu'un moment favorable pour fondre sur cette proie complaisante. Nous nous dépêchâmes de décrocher nos oiseaux, et les larrons furent frustrés de la bonne aubaine qu'ils se promettaient.

A l'approche des faucons, les charmants petits chanteurs qui avaient l'habitude de voltiger autour de nous et de nous égayer pendant nos travaux par leurs concerts, s'étaient enfuis au plus profond du fourré, où ils poussaient de petits cris aigus, comme pour s'avertir mutuellement de la présence de leurs redoutables ennemis. Ce furent eux qui nous donnèrent l'éveil.

J'abattis vingt-six cormorans.

CHAPITRE IX

UN MASSACRE DES INNOCENTS. — NOTRE AMEUBLEMENT. — ADOPTION D'UN RÈGLEMENT. — L'ÉCOLE DU SOIR. — LES JEUX.

Lundi 8. Nous avons employé la matinée à couper dans le fourré et à transporter sur le monticule les pièces de bois dont nous avions besoin pour faire le plancher de notre maisonnette. A midi il est tombé une pluie torrentielle qui a duré jusqu'au soir; mais depuis que notre toiture est terminée, nous pouvons sous cet abri continuer notre ouvrage, qu'auparavant le mauvais temps nous forçait d'interrompre.

Nous n'avons pas eu trop du reste de la journée pour équarrir nos solives, les poser ensuite à plat sur le sol, et commencer à y clouer les planches prises au bastingage du *Grafton*.

Vers huit heures, la pluie cessa de tomber, le temps s'éclaircit et resta calme jusqu'au lendemain.

Mardi 9. Le ciel est brumeux, les nuages s'amassent sur les montagnes et les enveloppent jusqu'à leur base. La pluie recommence, fine, continue, pénétrante. Les mouches ne manquent pas de profiter d'une si belle occasion pour venir déposer leurs larves de tous côtés. La chaumière en est remplie; c'est un bourdonnement tellement insupportable, que nous prenons le parti d'allumer un grand feu dans l'âtre pour les chasser. La pluie grossit et tombe par averses jusqu'au jeudi soir. Impossible de sortir.

Vendredi 12. Le vent a balayé les nuages. Tandis que Musgrave m'aide à faire une porte pour notre maisonnette et que Harry est occupé dans la tente à préparer nos aliments, Alick et George creusent autour de la chaumière une tranchée pour la préserver de l'humidité. Mais comme cette tranchée tend à en affaiblir les fondations, nous décidons de placer aux quatre angles, ainsi que de chaque côté de la porte, de forts poteaux inclinés, dont la base reposera sur de gros troncs d'arbres préalablement enfoncés dans la tourbe à quelque distance des murailles.

J'aurai la bonne foi d'ajouter qu'ainsi entouré d'un fossé et flanqué d'arcs-boutants, notre édifice ne prit nullement l'air d'un château fort; il parut plus que jamais ce qu'il était réellement, une cabane, une hutte; mais qu'il fût en état de résister à l'ouragan, qu'il nous offrît un abri sûr, c'était l'essentiel.

Samedi, dans l'après-midi, mes compagnons armés de leurs bâtons, et moi de mon fusil passé en bandoulière, nous sommes allés vers le haut de la baie en remontant la côte nord jusqu'au niveau d'une petite île que nous avons eu souvent le désir de visiter; désir que nous n'avons pu jusqu'ici réaliser, soit à cause de l'ouvrage, qui nous a retenus, soit à cause du mauvais temps, qui ne nous permet que bien rarement de mettre notre petit canot à la mer.

Nous avons trouvé ici une jolie baie, à peu près carrée, mais dont l'ouverture est un peu plus évasée que le fond; dans les deux angles de celui-ci aboutissent deux forts ruisseaux. Nous avons aperçu en cet endroit quelques canards sauvages, d'une timidité extraordinaire, si on la compare au peu de crainte que montrent tous les autres oiseaux de l'île. Nous en conclûmes qu'ils devaient avoir des ennemis, probablement les lions de mer; mais, un moment après, nous reconnûmes notre erreur en voyant ces amphibies nager tranquillement parmi les canards sans les molester, et sans que ceux-ci parussent le moins du monde effarouchés, tandis qu'à notre approche ils s'étaient immédiatement envolés.

Nous restâmes quelque temps cachés dans le fourré, espérant qu'ils reviendraient se poser aux environs : notre attente ne fut pas déçue. Au bout de quelques minutes ils étaient de retour, occupés à barboter près de l'embouchure de l'un des ruisseaux et à faire la

La chaumière des naufragés.

chasse aux petits animaux marins. J'avançai à pas de loup, et quand je fus à portée, je tirai; d'un coup j'en abattis trois. Mais ils ne valaient pas la poudre qu'ils m'avaient fait brûler : ils appartenaient à une très petite espèce. Je me promis de garder dorénavant pour de meilleures occasions le peu de munitions qui me restaient.

Après avoir franchi le ruisseau, ce qui nous fut facile, la marée étant basse, et l'eau ne nous venant qu'aux genoux, nous arrivâmes sur une assez belle plage de gravier, la première de cette sorte que nous eussions encore rencontrée. Elle s'étend d'un angle à l'autre de la baie sur une longueur d'environ deux cents mètres.

Nous pouvons donc faire quelques centaines de pas sur un terrain plat, uni. Depuis notre naufrage, toutes les fois qu'il nous a fallu mettre le pied dehors, nous avons dû monter, descendre, grimper, escalader troncs d'arbres ou rochers. Ici nous avançons à notre aise, sans efforts, nous pouvons *marcher*. Je ne puis dire quel plaisir nous éprouvons à parcourir cette plage d'un pas ferme, suivi, régulier. Quel attrait donne la privation aux choses les plus simples, les plus naturelles!

Comme nous arrivons à l'extrémité de la plage, un énorme lion de mer émerge tout à coup de l'eau, pousse un rugissement sonore et accourt droit à nous. Nous nous écartons les uns des autres; l'animal s'arrête, indécis sur lequel d'entre nous il va fondre. George, qui est le plus près de lui, saisit le moment où le phoque a la tête tournée de mon côté, et s'avance pour le frapper. La bête, étonnée de l'audace de notre compagnon, se retourne et prend déjà son élan pour se précipiter sur lui; mais George lui assène sur le museau, entre les deux yeux, un vigoureux coup de bâton. Étourdie, elle tombe à plat sur le gravier, qu'elle bat un instant de ses grandes nageoires, puis reste sans mouvement : elle est morte.

Ce qui importe, pour tuer ces animaux — nous l'apprîmes plus tard, — ce n'est pas de frapper fort, c'est de frapper juste à l'endroit vulnérable, c'est-à-dire entre les deux yeux, comme l'avait fait George très adroitement.

Un fait bien connu des naturalistes, mais qui, les premières fois, nous étonna, c'est la prodigieuse quantité de sang, et de sang très chaud, que possèdent ces amphibies. Quand nous saignâmes celui que nous venions d'abattre, il sortit de sa blessure un jet continu qui dura très longtemps et qui, formant sur la plage un petit ruisseau, alla rougir les eaux de la baie à une distance considérable.

La curée était à peine terminée, quand nous vîmes trois femelles s'avancer à leur tour hors de l'eau en poussant des beuglements prolongés, auxquels répondirent aussitôt quelques faibles bêlements venant du fourré voisin. Laissant là le vieux phoque, nous entrâmes sous les arbres, et, guidés par les cris, nous aperçûmes bientôt trois jeunes, tapis ensemble sous un gros tronc penché. L'un d'eux, presque entièrement sorti de son repaire, répondait de toutes ses forces à l'appel des femelles, tandis que les deux autres, plus timides, regardaient par-dessus son épaule. A notre aspect ils se retirèrent d'abord précipitamment sous leur tronc d'arbre, puis, inspirés par leur instinct et comprenant que nous étions des ennemis, ils firent une vive sortie et se mirent à fuir de toute la vitesse dont ils étaient capables. Malgré la rapidité de leur course, comme le fourré, un peu moins épais en cet endroit, ne gênait pas trop la liberté de nos mouvements, nous les eûmes bientôt atteints. Je n'oublierai jamais l'air lamentable, la physionomie attendrissante de ces pauvres animaux : devinant sans doute notre dessein, ils s'étaient arrêtés en groupe au pied d'un arbre et ils nous regardaient d'un œil larmoyant, qui semblait véritablement implorer notre pitié et demander grâce. Nous étions émus, indécis, bien tentés de les épargner, mais la nécessité était là qui nous faisait une loi d'obéir à la raison plus qu'au sentiment. Ce ne fut pas sans répugnance, je dirai sans remords, que nous accomplîmes cette exécution, ce *massacre des innocents*.

Comme il nous était impossible de rapporter à la fois sur notre dos le vieux lion et les trois jeunes, et que d'ailleurs le premier répandait une odeur presque suffocante qui ne nous promettait qu'un bien médiocre régal, nous optâmes pour les jeunes, qui nous délivrèrent, pendant plusieurs jours, du soin de pourvoir à notre nourriture.

Lundi 22, le vent est au N.-O. Hier nous avons eu une forte bourrasque, accompagnée de grains d'une violence extrême. Aujourd'hui

La bête, étonnée, se retourne.

le temps est encore en partie couvert, les nuages courent avec moins de vitesse; il est tombé plusieurs averses de pluie glacée ou de grêle fine.

La dernière fois que Musgrave, Alick et George étaient allés à bord du *Grafton* chercher des planches, ils avaient rapporté en même temps une caisse carrée, qui était placée dans la cabine, contre la paroi qui la séparait de la cale, presque au pied de l'échelle de l'écoutille. Cette caisse était entièrement doublée de fer-blanc et divisée en deux compartiments, où nous avions quelquefois serré de la farine ou du biscuit pour les protéger contre les attaques de quelques rats qui avaient été nos compagnons de voyage. Deux couvercles, fixés par des charnières sur le sommet de la planche de séparation et un peu plus grands que la caisse elle-même, formaient, lorsqu'ils étaient abattus et recouverts d'une toile cirée, une excellente table pour la cabine.

Ce meuble fut placé au côté nord de la maisonnette, au-dessous de l'une des petites ouvertures vitrées pratiquées dans la muraille; il devait nous servir de bureau à Musgrave et à moi. Au-dessus furent suspendus le chronomètre, les instruments de navigation et la bibliothèque. Ce mot paraîtra peut-être un peu ambitieux, car nous ne possédions que trois ou quatre volumes, un exemplaire des *Écritures saintes*, le *Paradis perdu* de Milton et un ou deux romans anglais, auxquels il manquait des pages. Les deux journaux que nous rédigions prirent place à côté des livres. La glace — petit miroir encadré de bois rouge — fut accrochée au mur à côté de la croisée.

A droite et à gauche du bureau, dans les angles de la chaumière, Musgrave et moi nous plaçâmes nos lits : le sien du côté de la porte, le mien près de la cheminée. Je dois dire qu'ils étaient assez grossièrement construits; c'étaient tout simplement deux caisses plus longues que larges, exhaussées sur quatre pieds de bois pour permettre à l'air de circuler dessous. Ces espèces de boîtes étaient à moitié remplies de mousse sèche, que nous renouvelions de temps en temps. Sans valoir la plume ou la laine, cette mousse formait une couche infiniment moins dure que les bouts de planches qui nous avaient servi de lits sous la tente.

Alick, George et Harry établirent les leurs à l'autre extrémité de la chambre, parallèlement aux trois parois.

Au milieu de la pièce se dressait une table, faite, ainsi que la porte, avec les planches les plus unies et les moins fendues; elle avait six pieds de long sur trois de large. Deux bancs, construits de la même manière, furent placés de chaque côté, dans le sens de sa longueur.

Contre le mur, auprès de la porte et au pied du lit d'Alick, nous mîmes une autre table, plus petite, destinée au service de la cuisine. Sur deux étagères, fixées au-dessus, nous rangions notre vaisselle — j'appelle ainsi les quelques ustensiles de ménage que nous avions pu sauver — et nos lampes quand nous n'en faisions pas usage. Ces lampes étaient tout à fait élémentaires : nous les avions fabriquées avec de vieilles boîtes de conserves en fer-blanc; des fils de toile à voile tressés ensemble servaient de mèches; les lions de mer fournissaient l'huile.

Pour ne pas trop encombrer notre maison, nous construisîmes aux quatre angles de petites soupentes triangulaires, où nous déposâmes le reste des voiles et des cordages du *Grafton*.

Enfin il est un détail que je dois encore noter ici : avant que nos provisions fussent complètement épuisées, j'avais mis à part, dans un sac, quelques livres de farine destinée à nous servir, au besoin, de médicament. Avec une petite quantité de farine de moutarde, c'était toute notre pharmacie. M'étant constitué le gardien de ces objets, je les suspendis à un chevron au-dessus de mon lit.

Tous ces petits travaux intérieurs furent terminés dans la matinée du samedi 5 mars. Le reste de la journée fut employé à démonter la tente et à transporter nos pénates dans notre nouvelle demeure, où, après avoir allumé un bon feu dans la cheminée, nous couchâmes le soir même.

Mais il ne suffisait pas de pourvoir au matériel de la vie; le côté moral réclamait aussi notre attention. Assurément nous avions, depuis notre naufrage, vécu ensemble dans l'union et la concorde, je puis même dire dans une véritable fraternité; cependant il était arrivé quelquefois tantôt à l'un, tantôt à l'autre d'entre nous, de s'abandonner à un mouvement d'humeur, de laisser échapper une parole désobligeante, qui naturellement provoquait une repartie non moins vive. Or des habitudes d'aigreur, d'animosité, s'établissant parmi nous pouvaient avoir des conséquences désastreuses. Nous avions tant besoin les uns des autres! La construction de notre maisonnette, à laquelle chacun, selon sa capacité, avait contribué de son mieux, ne venait-elle pas de le démontrer? Il était évident que nous n'avions de force que par notre union, que la discorde et la division seraient notre ruine. Mais l'homme est si faible, que la raison, le souci de sa dignité et même la considération de son intérêt ne suffisent pas toujours à le maintenir dans le devoir. Il faut qu'une règle extérieure, une discipline le protège contre les défaillances de sa volonté.

Je roulai ces pensées dans ma tête durant une partie de la nuit. Dès le lendemain matin je les communiquai à mes compagnons, ainsi que le projet que j'avais conçu pour assurer l'ordre et la paix dans notre petite société. Mon idée était de choisir parmi nous, non pas un maître ni un supérieur, mais un *chef de famille,* tempérant l'autorité légale et indiscutable du magistrat par la condescendance affectueuse d'un père ou plutôt d'un frère aîné.

Le devoir de ce chef de famille serait :

1° De maintenir avec douceur, mais aussi avec fermeté, l'ordre et l'union parmi nous;

2° D'éloigner par ses sages avis tout sujet de discussion qui pourrait dégénérer en dispute;

3° Au cas où quelque grave contestation s'élèverait en son absence, les parties devraient porter immédiatement l'affaire devant lui : alors, assisté du conseil de ceux qui n'y auraient pas pris part, il jugerait la cause, donnerait raison à qui de droit et réprimanderait le coupable. Si ce dernier, au mépris de la sentence prononcée, persistait dans son tort, il serait exclu de la communauté et condamné à vivre seul dans un autre endroit de l'île, pendant un laps de temps plus ou moins long, selon la gravité de sa faute;

4° Le chef de famille dirigerait les expéditions de chasse, ainsi que les autres travaux; il distribuerait les tâches, sans être lui-même dispensé de donner l'exemple en s'acquittant de la sienne;

5° Dans les circonstances importantes, il ne pourrait prendre de décision sans l'assentiment de tous, ou du moins de la majorité.

Ce projet de règlement fut approuvé de mes compagnons, qui sentaient comme moi la nécessité d'organiser notre petite société, et ils l'adoptèrent à l'unanimité, non toutefois avant d'y avoir ajouté l'article suivant :

6° La communauté se réserve le droit de destituer le chef de famille et d'en nommer un autre, dans le cas où il abuserait de son autorité ou la ferait servir à des vues personnelles et manifestement égoïstes.

Cette dernière clause était une sage précaution contre les velléités despotiques auxquelles est presque toujours enclin celui que la confiance de ses égaux investit du commandement, elle était d'une application facile et par conséquent d'une efficacité certaine, puisque le président de notre petite république n'avait pas d'armée permanente pour appuyer son ambition. Je dois dire d'ailleurs que, durant tout le temps que nous vécûmes ensemble, nous n'eûmes jamais lieu de l'appliquer.

Sans plus tarder, notre règlement fut inscrit sur une des feuilles blanches qui se trouvaient en tête de la Bible de Musgrave — on devait le lire tous les dimanches avant de prononcer la prière, — puis tous, la main sur le volume sacré, nous jurâmes obéissance et respect à notre constitution. Nous accomplîmes cet acte avec conviction, avec sérieux. Ce n'était pas là une formalité banale. Il y avait pour nous quelque chose de solennel dans cet engagement volontaire de notre conscience, dont nous prenions Dieu à témoin.

Il s'agissait maintenant de nommer notre chef. Je proposai Musgrave, qui était l'aîné de nous tous ; il fut élu d'un commun accord.

Dès ce moment il prit le haut bout de la table et fut dispensé de faire la cuisine. Nous nous partageâmes cet office, Alick, George, Harry et moi ; nous devions le remplir à tour de rôle, chacun pendant une semaine.

Désireux de faire preuve de bonne volonté et de donner l'exemple de la soumission à notre nouveau programme, je demandai à entrer immédiatement en fonction et je pris la première semaine de *ménage*. Mes compagnons s'armèrent, Musgrave du fusil, les autres de leurs gros bâtons et de leurs couteaux, et partirent pour la chasse ; moi, comme on venait de déjeuner, je me mis à desservir la table et à laver la vaisselle.

Oui, laver la vaisselle, et je déclare, au risque de prêter à rire au lecteur, que je m'acquittai de ma tâche avec la plus sérieuse attention et pénétré de son importance. On le comprendra peut-être si l'on songe que nous possédions juste cinq assiettes en faïence, dont une fêlée (elle servait habituellement à celui de nous qui était de cuisine). La perte de l'une d'elles eût été irréparable et fût devenue pour nous, et particulièrement pour celui qui en eût été la cause, une véritable privation. Aussi jamais service précieux de saxe ou de vieux sèvres ne fut-il manié avec autant de précautions. J'éprouve, je l'avoue, une certaine satisfaction, qui n'est peut-être pas exempte d'orgueil, à constater que quatre *hommes* ont pu laver la vaisselle tour à tour, *trois fois par jour*, pendant *dix-neuf mois et demi, sans rien casser.*

Nous eûmes moins de mérite à ne pas endommager le reste de notre pauvre ménage : il consistait en quelques cuillers et fourchettes de fer, trois marmites également en fer, y compris la grande dont j'ai parlé, plusieurs tasses en fer émaillé, une poêle à frire et une petite bouilloire. — Il va sans dire que nous n'étions pas à même de nous donner le luxe d'une nappe ; mais, grâce à l'emploi fréquent de l'eau et du savon, notre table fut toujours tenue avec la plus irréprochable propreté.

Quand j'eus donné à notre intérieur les soins nécessaires, je songeai à aller à la pêche, dans l'espoir d'ajouter un plat de poisson à notre ordinaire : j'avais à cœur que mes compagnons fussent satisfaits du zèle de leur cuisinier. J'avais trouvé dans mon coffre cinq ou six hameçons rouillés et une ligne dont je m'étais quelquefois servi à Sydney dans mes moments de loisir : je les pris, je me munis d'un sac et je me rendis à une petite pointe voisine de notre camp, où depuis je retournai assez souvent pêcher ; mes compagnons lui donnèrent pour ce motif le nom de *Pointe de Raynal*.

L'endroit étant assez commode et la saison favorable, je réussis à prendre plusieurs poissons, principalement des morues, qui venaient se tapir sous les rochers, hors de l'atteinte des phoques, et quelques centaines de moules.

Les chasseurs furent ravis, à leur retour, de trouver cette abondance inaccoutumée. Cette fois, le sempiternel morceau de lion de mer rôti fut passablement négligé; mon poisson frit et mes moules bouillies eurent tous les honneurs du festin. Je n'aurai pas la modestie de cacher qu'il en rejaillit quelque gloire sur l'ordonnateur du régal.

Le soir, Musgrave proposa en riant de donner un nom à notre nouvelle habitation. Bientôt, au lieu d'un, nous en eûmes cinq, et chacun s'évertuait à démontrer la supériorité de celui qu'il avait trouvé. Pour mettre fin au débat, on convint, sur ma proposition, d'inscrire les cinq noms sur de petits morceaux de papier, qui seraient pliés et déposés dans un chapeau, et de tirer au sort. Les bulletins écrits et jetés dans l'urne improvisée, George, le plus jeune de nous tous, en prit un au hasard et l'ouvrit; il y lut le nom d'*Epigwait*; c'était celui qu'avait proposé Musgrave. Ce mot, emprunté à la langue des Peaux-Rouges de l'Amérique du Nord, signifie : *près de la rive*, ou plutôt *auprès des grandes eaux*. Il fut adopté. Je me servirai donc désormais de ce nom, Epigwait, pour désigner notre maison ou bien le monticule sur lequel elle était construite.

Cette soirée fut féconde en innovations. Prévoyant que nous aurions de longues heures à passer dans notre chambre, surtout l'hiver, saison où les jours sont très courts aux îles Auckland et où la rigueur du climat ne permet pas toujours de sortir, nous songeâmes aux moyens d'occuper utilement notre temps. Même en été, nous serions forcés d'allumer nos lampes de très bonne heure, la porte devant rester toujours fermée afin de nous préserver des mouches, et les petites lucarnes vitrées ne laissant pénétrer qu'une lumière insuffisante. Nous aurions donc, une fois nos vêtements raccommodés et nos petits travaux d'intérieur terminés, de nombreux moments à remplir. Une idée me vint, je l'émis sur-le-champ : c'était d'établir parmi nous une école du soir, un véritable enseignement mutuel. Harry et Alick ne savaient ni lire ni écrire, nous le leur apprendrions; eux, en retour, nous enseigneraient leurs langues, que nous ignorions. George, qui avait reçu un commencement d'instruction, poursuivrait sous notre direction l'étude des mathématiques. Moi, de mon côté, je donnerais des leçons de fran-

Je réussis à prendre plusieurs poissons.

çais. Ma proposition fut accueillie avec tant d'enthousiasme qu'il fallut l'exécuter tout de suite, et nous fûmes tour à tour, dès ce soir-là, maîtres et élèves les uns des autres. Ces nouveaux rapports nous unirent encore davantage; en nous élevant et nous abaissant tous alternativement les uns vis-à-vis des autres, ils nous mirent de niveau, ils créèrent entre nous une parfaite égalité.

A l'utile nous voulûmes joindre l'agréable; il nous sembla que quelques distractions ne seraient pas un élément superflu dans notre vie si dénuée, et nous projetâmes de nous fabriquer des jeux : ce que nous fîmes en effet dans les soirées suivantes.

Avec un bout de planche percé de trous et de petites chevilles artistement taillées, Musgrave fit un jeu de *solitaire*. De mon côté, sur un morceau de planche plus grand, je dessinai les carreaux d'un damier, que je peignis ensuite les uns en blanc, les autres en noir; j'employai comme peinture tantôt de la chaux, tantôt de la suie, délayées dans un peu d'huile de phoque. Enfin je taillai les pions dans deux lattes minces, l'une blanche, l'autre rouge, avec mon couteau de poche.

Mon couteau de poche! Qu'il me soit permis de parler un peu de lui! C'est une dette de reconnaissance que j'acquitte. Ce cher vieux compagnon m'a rendu tant de services! Il ne m'a pas quitté durant toute ma vie de mineur; il a parcouru avec moi une grande partie du continent australien. Je le retrouvai un jour, tout rouillé, dans le coin de mon coffre, où il était resté oublié depuis notre départ de Sydney. Ah! désormais la rouille n'a pas eu le temps de mordre sur lui, car il ne s'est point passé un jour, je dirai presque une heure, que je ne lui aie fourni de l'ouvrage, et quel ouvrage souvent! Il est muni d'une petite scie : celle-là non plus n'a pas chômé! Pour la construction de notre cabane, pour celle de nos lits et de nos autres meubles, elle a tranché des planches auxquelles certes elle ne s'attendait pas à avoir affaire : et cependant elle en est venue à bout, sans ébrécher une de ses dents. Et à quels offices, autres que ceux de couper et de scier, ce brave petit couteau ne s'est-il pas prêté! Il m'a servi de serpe, de couperet, de ciseau, de râpe, de poinçon, que sais-je encore? Il s'est mesuré avec toutes les substances connues, et il s'est montré supérieur à tout, il est demeuré intact. Quelle trempe merveilleuse ne faut-il pas qu'ait reçue cet invincible petit morceau de fer! — Maintenant il a sa retraite, comme tout bon serviteur doit l'avoir; il repose dans un tiroir de mon secrétaire, à côté de plusieurs autres souvenirs de mes voyages. De temps en temps je le regarde, j'ai plaisir à le manier, à ouvrir et à fermer ses lames.... Non certes, je ne l'échangerais pas contre dix fois, contre vingt fois son pesant d'or.

CHAPITRE X

UNE MEULE A REPASSER. — LES CARTES. — UNE TENTATION. — VISITE
A L'ILE HUIT. — LE PATRIARCHE DES PHOQUES.

Durant la première semaine, quand je réveillai chaque jour mes compagnons à six heures du matin, ils murmurèrent un peu de l'importunité de mon zèle; mais ils se levèrent néanmoins. Bientôt les bonnes habitudes furent prises.

Tandis que je préparais le déjeuner, ils allaient au dehors couper et transporter auprès de la maison le bois à brûler nécessaire pour la journée. Nous en consommions une grande quantité, car, soit pour tenir la chambre chaude pendant la nuit, soit pour faire cuire la chair des lions de mer, il y avait toujours un bon feu dans la cheminée.

L'essence que nous employions de préférence à cet usage était l'espèce de bois de fer dont j'ai déjà parlé. Je n'en connais pas de meilleure. Vert ou sec, il s'enflamme facilement, produit beaucoup de chaleur et peu de fumée. Les cendres qui proviennent de sa combustion contiennent une très grande quantité de potasse, ainsi que des matières siliceuses qui se vitrifient et forment des agrégats difficiles à casser lorsqu'ils sont refroidis.

En coupant ce bois, excessivement dur, notre hache s'était tellement émoussée que nous ne pouvions presque plus nous en servir. La corvée du matin devenait tous les jours plus fatigante; nous nous donnions beaucoup de peine pour faire peu d'ouvrage. Il fallait absolument y remédier.

Ayant vainement cherché parmi les roches du rivage un caillou qui pût tenir lieu de pierre à aiguiser, je me souvins des blocs de grès qu'avant de partir pour Sydney nous avions placés, pour servir de lest, dans la cale du *Grafton*. Je profitai d'un moment où la marée était très basse pour me rendre à bord du navire échoué, et au moyen d'une corde qui pendait du grand panneau, je descendis dans la cale. Là, dans l'eau jusqu'à mi-corps, je tâtonnai longtemps avec mes pieds avant de trouver ce que je désirais, car le flux et le reflux de la mer, pénétrant dans l'intérieur du bâtiment, avaient déposé sur les pierres une couche de vase qui rendait mes recherches très difficiles. Je réussis enfin à en découvrir une à ma convenance; je l'attachai à la corde, je la hissai sur le pont après y être moi-même remonté, et de là je la transportai sur le rivage, puis à la maison.

Avant de quitter l'épave, j'avais arraché de l'un de ses membres une cheville en fer qui, à demi rongée par la rouille, ne tenait plus que faiblement. L'ayant fait rougir au feu de la cheminée, je façonnai l'un de ses bouts en forme de ciseau à froid; après quoi, je me servis de cet instrument et du marteau pour tailler ma pierre comme une meule de rémouleur. Le plus long et le plus difficile fut de percer au centre un trou afin d'y introduire un axe en bois, auquel j'avais fixé une petite manivelle. J'étais obligé de frapper de très petits coups, avec une extrême précaution, dans la crainte de faire éclater la pierre et de détruire en un instant l'ouvrage de plusieurs jours. Enfin j'en vins à bout, j'assujettis solidement mon axe et je suspendis l'appareil aux troncs de deux jeunes arbres très rapprochés l'un de l'autre, non loin de la maison. Nous avions désormais une meule à repasser, nous pouvions aiguiser la hache et nos autres outils.

Préoccupés d'organiser notre vie, de nous créer des habitudes régulières, nous décidâmes que la matinée du lundi serait employée à faire la lessive. Tous les jours, au retour de la chasse, les habits devraient être, s'il y avait lieu, raccommodés; et il était bien rare qu'il n'y eût pas quelque réparation à y faire. Il faut avouer qu'au bout de peu de temps ils prirent une singulière tournure.

L'étoffe primitive avait complètement disparu sous la multitude des pièces qui la recouvraient ou la remplaçaient. Ils étaient composés de tissus de toutes sortes, de toutes couleurs, principalement de toile à voile; mais nous dûmes bientôt songer à ménager cette dernière, dans la prévision que plus tard nous pourrions en avoir besoin pour faire une voile.

C'était à qui ferait preuve d'invention. Au jeu de solitaire et au damier nous ajoutâmes des dominos; puis — dans la voie du luxe et du plaisir l'homme ne sait jamais s'arrêter — j'y joignis encore des cartes, ne réfléchissant pas qu'elles pouvaient devenir parmi nous ce qu'elles sont souvent, un élément de discorde. C'est, en effet, ce qui fut sur le point d'arriver. Je ne tardai pas à m'apercevoir que, malgré ses excellentes, ses éminentes qualités, Musgrave était mauvais joueur. Il se piquait d'être très fort aux cartes, et bien qu'il fût établi que nous jouerions sans enjeu (ce à quoi nous n'eûmes aucun mérite, puisque nous ne possédions absolument rien), quand il perdait, il se fâchait, il devenait irritable, enclin à la chicane.

J'étais l'auteur du mal : c'était à moi d'y porter remède. Un soir que, Musgrave et moi, nous avions échangé en jouant quelques paroles désagréables, j'attendis la fin de la partie, puis tranquillement, sans rien dire, je jetai les cartes au feu. Je les avais fabriquées avec les feuillets d'un vieux journal de bord et de la farine bouillie réduite en colle.

Je me rappelle, à ce propos, que je partageai avec Musgrave le peu de colle restée au fond du pot : vraiment je n'ai jamais rien mangé de ma vie qui m'ait paru aussi délicieux. Cela ressemblait presque à du pain.

Je fus, du reste, puni de ma gourmandise, car pendant plusieurs jours, mon palais conservant l'impression de cette exquise saveur, je souffris réellement le supplice de Tantale en présence du petit sac de farine suspendu à mon chevet. J'eus toutes les peines du monde à résister au désir d'en faire du pain ou de la bouillie et de m'en donner une bonne fois à cœur joie; mais c'était un dépôt sacré, et je sus le respecter. Si j'avais cédé à la tentation, cet acte de faiblesse eût pu avoir des conséquences déplorables : je perdais infailliblement l'estime de mes compagnons, je leur donnais l'exemple de l'égoïsme et de la cupidité, je semais le germe de la discorde, de la division, de la ruine.

Le samedi soir venu, non seulement je remis à George, mon successeur, le ménage en parfait état, toute chose rangée à sa place, le plancher lavé à l'eau de savon, mais je voulus terminer mon administration par un coup d'éclat : j'offris à mes compagnons, avant de se coucher, les délices d'un bain chaud que j'avais préparé dans des moitiés de futaille en guise de baignoires. Je ne me vante pas en affirmant que cette gracieuseté fut bien accueillie.

Mardi 15 mars. Le temps, assez mauvais la semaine dernière, s'est un peu radouci. Ce matin, la brise est au N.-N.-O., mais faible. Nous avons lancé le canot et nous sommes allés en ramant jusqu'à l'île Huit.

Après avoir débarqué et hissé le canot à terre, armés de nos gourdins, nous pénétrâmes dans le fourré. Au bout d'un instant, nous atteignîmes une sorte de clairière située au milieu de l'île, et nous ne tardâmes pas à y découvrir les traces assez anciennes d'un petit campement. Il n'y avait pas à en douter, le port de Carnley était connu et fréquenté quelquefois par les baleiniers. Cette certitude nous causa le plus vif plaisir ; elle nous faisait envisager les chances que nous avions d'être un jour ou l'autre recueillis par un de ces bâtiments. L'équipage qui avait campé en cet endroit était sans doute venu pour faire la chasse aux phoques. Quelques pas plus loin, un trou creusé dans la tourbe par l'action du feu indiquait la place où il avait établi son foyer, et d'après la profondeur de cette excavation, nous jugeâmes qu'il avait séjourné environ deux semaines.

En explorant ce lieu, j'aperçus à terre un petit objet rougeâtre, que je m'empressai de ramasser : c'était une lime triangulaire, enveloppée dans une épaisse couche de rouille, témoignage plus incontestable encore que tous les autres de la venue d'hommes civilisés en cet endroit.

Après avoir mis ma précieuse trouvaille dans ma poche, je rejoignis mes compagnons, qui étaient rentrés dans le fourré, en quête des lions de mer. Leurs voix, que nous entendions distinctement, dirigeaient notre marche.

Arrivés, non sans quelque peine, à l'extrémité de l'île, nous aperçûmes un grand nombre de ces animaux. Ici les troncs d'arbres, beaucoup moins serrés, permettaient aux jeunes de jouer librement

Je pris mon fusil et tirai sur la femelle presque à bout portant. (Voir p. 144.)

entre eux, auprès de leurs mères. Celles-ci étaient presque toutes occupées à allaiter leurs petits. Au milieu du groupe, un vieux mâle, probablement le monarque de ces lieux, se prélassait, regardant d'un œil calme cette jeunesse folâtre qui s'ébattait autour de lui. Il avait l'air d'un vénérable patriarche prenant plaisir aux jeux de ses petits-enfants.

Quand il ouvrait son énorme gueule pour bâiller, nous pouvions voir ses mâchoires presque entièrement dépourvues de dents; quelques noirs chicots sortaient çà et là des gencives. Évidemment il était d'une extrême vieillesse. Son regard était beaucoup plus doux que celui des autres mâles que nous avions rencontrés jusqu'alors. Il était en outre remarquable par deux grandes cicatrices blanches, l'une à la naissance du cou, l'autre sur le flanc droit. Nous lui donnâmes le surnom de Royal-Tom.

Nous approchâmes sans faire de bruit jusqu'aux abords de cette nouvelle clairière, et nous restâmes quelque temps immobiles à contempler l'amusant spectacle que nous avions devant les yeux.

Bientôt le vieux lion releva la tête, et, respirant bruyamment d'un air inquiet, il se mit à regarder de tous côtés, cherchant sans doute d'où venait l'odeur inconnue qu'avait perçue dans l'atmosphère l'exquise sensibilité de ses naseaux.

Son œil flamboyait; se redressant fièrement, du fond de sa vaste poitrine il poussa un grondement sonore et prolongé, qui attira l'attention des femelles et répandit l'alarme parmi toute la troupe. Immédiatement les jeunes cessèrent leurs jeux, et ils répondirent par des espèces de bêlements aux cris rauques des mères, auprès desquelles ils allèrent se presser.

A ce moment nous fîmes une soudaine irruption au milieu d'eux, et nous profitâmes de l'étonnement et de la confusion où les jeta notre apparition subite pour frapper mortellement à la tête les moins agiles des plus jeunes. Il en resta sept sur la place; nous nous hâtâmes de les entraîner hors de la vue de leurs compagnons. Musgrave, Alick et moi, après avoir remis nos bâtons à Harry, nous en saisîmes chacun deux, un de chaque main, par les nageoires postérieures; Harry, de sa main restée libre, prit le septième. Nous atteignîmes bientôt la plage ; deux d'entre nous allèrent chercher le canot, et, après y avoir placé notre butin, nous nous éloignâmes dans la direction d'Epigwait.

Cependant les cris navrants des mères, qui ne retrouvaient plus leurs petits, joints aux rugissements du vieux mâle, rendu furieux par l'odeur du sang, arrivaient jusqu'à nous et nous faisaient regretter qu'une impérieuse nécessité nous obligeât à molester si cruellement ces pauvres animaux.

Peu d'instants après, nous vîmes les femelles, qui avaient suivi nos traces, se jeter à la mer, accompagnées du vieux lion, à l'endroit même où nous nous étions embarqués, et nager vers nous. Pendant longtemps elles s'acharnèrent à poursuivre le canot qui emportait leur progéniture. Enhardie par l'amour maternel, l'une d'elles, par moments, bondissait comme pour s'élancer dans le bateau ; nous étions inondés de l'eau qu'elle faisait jaillir en retombant.

Craignant qu'elle ne réussît à sauter dans notre embarcation et que son poids ne la fît chavirer, je pris mon fusil et tirai sur elle presque à bout portant. La détonation effraya les phoques ; toute la bande rebroussa chemin et renonça à nous poursuivre.

Poussés par un bon vent, nous arrivions, une heure après, à la baie du Naufrage.

CHAPITRE XI

ÉTABLISSEMENT D'UN AUTRE SIGNAL. — UN NOUVEAU METS.
POURQUOI JE RENONCE A LA BIÈRE.
NOS PERROQUETS. — DES CHIENS DANS L'ILE.

Notre chasse avait été heureuse, nous avions plus de gibier que nous ne pouvions en consommer avant que sa fraîcheur s'altérât. Nous songeâmes à en conserver la moitié, d'autant plus que, l'hiver venu, nous serions peut-être exposés à en manquer.

Nous employâmes à cet effet une partie du sel que nous avions sauvé. Sur nos sept lions de mer, quatre furent dépecés, et les morceaux empilés, entre des couches de sel, dans une futaille vide. Quelques jours après, quand ils en furent bien saturés, nous les suspendimes aux chevrons de la toiture dans l'intérieur de la chaumière.

Nous étions alors dans le moment de l'équinoxe, et durant toute la semaine le temps fut extrêmement mauvais. Les coups de vent se succédaient sans relâche ; une pluie mêlée de grêle fine tombait incessamment. Parfois de livides éclairs fendaient le ciel obscurci par d'épais nuages et le tonnerre éclatait avec fracas. Les rafales secouaient, tordaient les arbres, en arrachaient les feuilles, malgré leur ténacité, et les emportaient par nuées jusque sur les eaux de la baie, qui en étaient couvertes. Au bruissement de celles qui tenaient bon se mêlait le craquement continuel des branches.

Sur la plage, les vagues en furie se jetaient contre les falaises, qu'elles blanchissaient d'écume. Quelquefois une énorme masse de rocher, détachée par la foudre de sa cime aérienne, descendait en bondissant comme une avalanche sur les flancs de la montagne, poursuivait sa course impétueuse à travers le fourré du littoral, où elle creusait un large sillon en broyant tout sur son passage, et, arrivée enfin au bord de la falaise, par un dernier élan se précipitait dans les flots.

On eût cru assister à une insurrection générale de tous les éléments conjurés contre les sages lois imposées à la nature par le Créateur, et s'efforçant de replonger le monde dans le chaos.

Nous fûmes huit jours entiers prisonniers au logis. Sauf quelques légères avaries, notre cabane se comporta bien ; elle résista victorieusement à la tempête. Nous nous félicitâmes d'avoir laissé, du côté de la mer, un rideau d'arbres pour amortir un peu le choc du vent, et d'avoir soutenu extérieurement le bâtiment avec de solides étais. Nous ne fûmes pas moins heureux d'avoir fait une bonne provision de nourriture avant que l'ouragan se déclarât, et d'avoir songé à la conserver: sans quoi nous aurions pu souffrir cruellement de la faim.

Vers le milieu de la semaine suivante, aussitôt qu'il nous fut possible de nous hasarder sur les eaux de la baie, nous nous préparâmes à aller visiter la péninsule de Musgrave, et voir si le signal que nous y avions dressé existait encore, ce dont nous doutions fort.

Dans la matinée du jeudi 26 mars, laissant à la maison notre Norvégien qui était chargé du service intérieur, nous lançâmes le canot et hissâmes la voile ; le vent, qui était favorable, nous eut bientôt conduits au point où nous voulions débarquer.

Nous trouvâmes encore debout, à l'endroit où nous l'avions plantée, la perche qui portait notre drapeau, mais ce dernier avait disparu ; le vent l'avait emporté. A quelques pas de là gisait la bouteille, arrachée aussi de son poste, presque entièrement enfouie dans la tourbe, mais intacte.

Dans la prévision que nous aurions à réparer ou à remplacer notre signal, nous avions apporté quelques planches reliées ensemble en forme de panneau et blanchies avec de la chaux délayée dans un peu d'huile de phoque. Au centre, avec de la couleur noire formée d'huile et de suie, j'avais peint un N gigantesque, indiquant la direction à prendre pour arriver à la baie du Naufrage.

Ce panneau fut fortement assujetti au sommet de deux perches solides en face de la principale entrée du port de Carnley. La montagne, couverte de végétation, formait derrière lui un fond vert sur lequel il se détachait vivement; on devait l'apercevoir à une assez grande distance en mer.

Au-dessous nous suspendîmes la bouteille, puis nous retournâmes à Epigwait.

Le lendemain matin, le temps continuant d'être favorable, nous nous hâtâmes d'en profiter pour aller faire une seconde visite à l'île Huit et renouveler, s'il se pouvait, nos provisions à peu près épuisées.

Non seulement notre chasse fut bonne encore cette fois, mais elle fut égayée par un incident grotesque, qui aurait pu toutefois prendre une tournure assez sérieuse si je ne m'étais trouvé en état d'y mettre fin.

Étant arrivés sans faire de bruit jusqu'à la clairière qui constituait le domaine de Royal-Tom, nous la trouvâmes, comme précédemment, peuplée d'un grand nombre de jeunes phoques, de quelques femelles et du vieux monarque lui-même. Celui-ci, dès qu'il nous aperçut, n'hésita pas : il accourut à notre rencontre en nous montrant ses vieilles dents usées, comme pour nous provoquer au combat. Ne voulant pas lui ôter la vie, et plus libres de nos mouvements que dans le fourré, nous évitâmes de répondre à son invitation en passant outre, et, malgré sa colère et ses rugissements, nous réussîmes à faire un carnage considérable des jeunes. Tandis que nous étions occupés à traîner nos victimes jusqu'au bord de la mer, le vieux lion et ses femelles, moins timides que lors de notre première invasion, nous harcelaient de près, et George, qui était chargé d'un lourd fardeau, se trouva tout à coup, dans un étroit défilé, face à face avec une grosse lionne. Impossible de s'échapper à droite ou à gauche, elle occupait tout le passage; retourner en arrière, il n'en était plus temps. Par un mouvement instinctif, George lâcha sa proie, saisit une forte branche qui s'étendait au-dessus de sa tête et d'un bond l'enfourcha tout juste assez tôt pour éviter la morsure de la bête. Mais celle-ci, qui apparemment tenait à sa vengeance, s'installa tranquillement sous la branche, la tête haute, les yeux braqués sur son ennemi. Plusieurs minutes s'écoulèrent ainsi, l'homme et le phoque s'observant mutuellement dans une immobilité complète. Je ne sais quand le pauvre George aurait pu descendre de son perchoir, si je n'étais arrivé avec mon fusil et n'avais logé une balle dans la tête de l'animal.

Nous regagnâmes promptement la plage, où les phoques, gênés par les débris de rochers dont elle était encombrée, pouvaient moins facilement nous assaillir; nous entassâmes nos lions de mer dans la barque, qui pouvait à peine les contenir (il y en avait onze!), et nous reprîmes le chemin d'Epigwait.

Sur ces onze phoques, neuf furent salés et mis en réserve pour les jours courts et mauvais de l'hiver que nous avions en perspective; les deux autres furent consommés immédiatement.

Mais la nourriture exclusivement animale à laquelle nous étions condamnés, outre qu'elle nous répugnait par sa saveur huileuse, était malsaine pour des Européens habitués dès l'enfance à un régime mixte où le pain, les fécules, les légumes verts, les végétaux en un mot, occupaient une place non moins importante que la viande. Nous en souffrions beaucoup. Déjà, à plusieurs reprises, nous avions essayé d'admettre dans notre alimentation quelques-unes des racines qui croissaient dans l'île, mais aucune d'elles ne nous avait paru mangeable et nous y avions renoncé. Aussi combien de fois avais-je entendu Harry exprimer le désir d'avoir seulement les pelures de pommes de terre que pendant la traversée il avait si souvent jetées par-dessus le bord!

Toujours préoccupé de la pensée de découvrir quelque végétal comestible, j'avais remarqué, auprès des endroits marécageux, une plante à feuilles rondes, roulées en entonnoir, larges comme une assiette, se développant en touffe au sommet d'une tige longue et tubuleuse. La souche de la plante croissait, non verticalement, mais horizontalement, et elle était retenue au sol par de nombreuses petites racines. Du centre de la touffe de feuilles sortait au printemps, sur une hampe élancée, un gros bouquet de fleurs blanches à trois pétales, remplacées ensuite par une masse serrée de petites graines noires. Le cœur de la souche était composé d'une substance pulpeuse et sucrée, mais entremêlée de fibres ligneuses, auxquelles il fallait nécessairement faire subir une préparation pour les rendre mangeables. Nous donnâmes à cette plante le nom de *sacchary*.

Je m'avisai de faire une râpe avec un morceau d'une feuille de tôle qui avait servi, sur le *Grafton*, à couvrir la partie du pont sur laquelle étaient établis les fourneaux de cuisine. Après l'avoir percé d'une quantité de petits trous et lui avoir donné une forme cintrée, je le clouai par les deux bords sur une planchette.

Avec cet instrument, nous râpâmes menu plusieurs souches de sacchary, puis nous les fîmes frire dans de l'huile de lion de mer.

Ce nouveau mets, qui ressemblait passablement à de la sciure de bois, fut servi sur notre table avec un certain apparat. Malheureusement il ne réalisa pas ce que nous en espérions. Ce n'est qu'en l'humectant avec du bouillon que nous pûmes l'avaler, et cette opération accomplie, non sans difficulté, nous n'étions pas au bout de nos peines, la prépondérance des fibres ligneuses le rendant extrêmement indigeste.... Cependant plusieurs d'entre nous persistèrent à en faire usage et finirent par s'y habituer. Quant à moi, je ne pus jamais y parvenir.

J'essayai alors de tirer un autre parti des propriétés saccharines de cette plante. J'en râpai une assez grande quantité, que je mis dans une marmite avec de l'eau bouillante, et je laissai le tout fermenter.

Mes compagnons, fort intrigués de ces préparatifs, ne cessaient de me demander ce que je prétendais faire. Je leur dis enfin que je voulais fabriquer de la bière. Ils commencèrent par se moquer de moi ; mais quand le lendemain ils virent le liquide entrer en fermentation, ils me proposèrent de le distiller et de faire de l'eau-de-vie : l'un des canons de mon fusil que l'on adapterait au goulot de la bouilloire, et sur lequel, après l'avoir enveloppé d'un linge, on verserait continuellement de l'eau froide, remplirait l'office de serpentin.

Je me repentis alors d'avoir voulu faire de la bière, car si, au lieu de nous contenter de cette innocente boisson, nous parvenions à nous procurer de l'alcool, je prévoyais avec effroi les funestes conséquences de l'abus que tôt ou tard nous en ferions immanquablement.

Pour prévenir ce danger, je renonçai à mon projet, qui pourtant me tenait au cœur ; je laissai exprès la fermentation devenir acide, sous prétexte qu'elle n'était pas encore assez avancée pour la distillation, et nous fûmes obligés de jeter le liquide. L'expérience, dont je déclarai le succès impossible, bien que je fusse persuadé qu'il était certain, ne fut pas renouvelée.

Dans une vie comme la nôtre, si monotone, si complètement dépouillée de distractions et de plaisirs, le moindre incident avait de l'importance; c'est pourquoi je raconterai l'histoire de nos perroquets.

Un jour, tandis que nous étions occupés à chercher de nouvelles racines, Harry remarqua un arbre percé sur le côté d'un trou dans lequel de temps en temps un perroquet entrait, pour en ressortir presque aussitôt. Après avoir observé la manœuvre de l'oiseau, il profita d'une de ses absences pour aller examiner ce qu'il supposait être son nid. Il ne se trompait pas. Ayant introduit sa main dans le trou de l'arbre, il y trouva trois jeunes perroquets, ayant déjà toutes leurs plumes. Il se mit immédiatement à construire une petite cage avec des ramilles qu'il tressa fort adroitement, puis, à la tombée de la nuit, il alla dénicher les jeunes oiseaux, qu'il rapporta à Epigwait.

Nous leur donnâmes à manger des graines de la plante sacchary, que nous eûmes soin d'écraser d'abord, et auxquelles nous mêlâmes ensuite un peu de chair de phoque rôtie et hachée. L'un d'eux mourut bientôt. Les deux autres s'accommodèrent fort bien de cette nourriture et vécurent tout l'hiver. C'étaient un mâle et une femelle. Au bout de peu de temps ils eurent détruit, à force de grignoter, les barreaux de leur cage, et nous les laissâmes libres dans l'intérieur de la chaumière. Tous les jours on leur apportait une nouvelle branche d'arbre garnie de ses feuilles et de quelques graines. Cette branche était placée au pied du lit de Harry, tout contre la cheminée, et le soir ils allaient s'y réfugier pour dormir.

Bientôt le mâle apprit à prononcer quelques mots d'anglais; dès le point du jour il commençait son caquetage, qui nous amusait beaucoup.

Tous les jours, à l'heure du dîner, ils avaient l'habitude de se baigner. Nous préparions leur bain dans une vieille boîte de fer-blanc, placée au pied de la branche. Ils étaient fort difficiles. Il fallait que leur eau fût très claire et nouvellement versée; autrement ils n'en voulaient pas. En sortant du bain, ils allaient se sécher au feu de la cheminée.

Grimpant sur la pierre de l'âtre, ils se tournaient, tantôt d'un côté, tantôt de l'autre, de l'air le plus sérieux du monde; puis, quand ils s'étaient bien séchés et avant que nous eussions fini notre repas, ils montaient sur la table et, en excellent anglais, Boss — c'était le nom du mâle — demandait sa part de rôti.

Mais hélas! un jour, étant pressé, Harry lui-même posa une marmite pleine d'eau sur le malheureux Boss, qu'il n'avait pas aperçu, et l'écrasa. Huit jours après, la pauvre petite femelle mourut de chagrin. Nous fûmes nous-mêmes fort affligés de la perte de ces charmants oiseaux auxquels nous nous étions attachés.

Je trouve relaté dans mon journal, à la même date, un incident qui nous causa un grand étonnement et fut le thème de mille conjectures. Nous avions cru, à plusieurs reprises, entendre des bruits semblables à des aboiements lointains. Y avait-il donc des chiens dans l'île, et, s'il y en avait, comment expliquer leur présence? N'appartenaient-ils pas plutôt à quelque navire mouillé dans une des baies voisines du port de Carnley, ou même à Port-Ross, au nord du groupe? Cette dernière hypothèse avait de quoi nous séduire et nous étions bien tentés d'aller en vérifier l'exactitude, mais nous dûmes songer aux innombrables difficultés qui rendent l'exploration de ces îles, même dans les meilleures conditions, à peu près impraticable. Comment nous aventurer si loin, sur une mer pareille et avec une embarcation telle que la nôtre? Il y aurait eu folie à le faire; il fallut y renoncer.

Il y avait, du reste, plus de probabilité pour que ces chiens, si toutefois ils existaient, eussent été laissés dans l'île par le baleinier dont nous avions trouvé des traces à l'île Huit, ou bien par les pêcheurs de l'établissement Enderby, à Port-Ross, abandonné faute de succès en 1850.

Si la provenance de ces chiens fut toujours pour nous un problème, leur existence nous fut clairement démontrée : nous les vîmes.

Notre provision de viande fraîche étant presque épuisée, et le temps redevenu mauvais ne nous permettant pas de nous rendre en canot à l'île Huit, où nous étions sûrs de trouver du gibier, nous nous disposions à aller à pied, en suivant la plage vers le nord-ouest, jusqu'à l'endroit où j'avais tué précédemment des canards, dans l'espoir de découvrir quelques lions de mer, endormis parmi les grandes herbes du rivage.

Alick et Harry, prêts les premiers, avaient pris les devants, et, tandis que George restait à Epigwait, Musgrave et moi, armé de mon fusil, nous étions sur le point de partir, quand nous vîmes revenir au plus vite Harry tout essoufflé. Il était dans une extrême agitation. Il nous dit qu'ils venaient, Alick et lui, de rencontrer deux chiens sur le bord de la mer. L'un était un beau chien de berger, blanc et noir, avec une longue queue en panache ; l'autre, plus petit, était un mélange de griffon et de bouledogue. Alick était resté pour surveiller leurs mouvements, et lui s'était hâté de revenir chercher un morceau de viande pour tâcher de les attirer, et un bout de corde afin de les attacher, s'ils se laissaient prendre ; ce dont il doutait fort, car ils paraissaient très farouches.

Munis des objets nécessaires, nous prîmes tous trois le chemin de la plage, mais au bout de quelques instants nous aperçûmes Alick qui revenait vers nous. Il nous raconta qu'en l'absence de son compagnon il avait voulu s'approcher doucement des chiens en leur parlant, mais que le son de sa voix avait paru les effrayer beaucoup, et qu'à son premier pas en avant ils s'étaient enfuis dans le fourré, où il était impossible de les suivre.

Nous étant approchés de l'endroit par où ils avaient disparu, nous vîmes distinctement sur la tourbe molle les empreintes de leurs pattes : les unes étaient beaucoup plus larges que les autres.

Grand fut notre désappointement. Nous avions pris notre désir pour une réalité, nous nous étions crus en possession de deux fidèles compagnons, de deux amis, de qui nous aurions tiré assistance et affection, et voilà que nous les perdions ! Heureusement le reste de la journée fut bien rempli et nous fit un peu oublier cette déception. Nous trouvâmes une lionne et son petit, que nous tuâmes, ainsi qu'une douzaine d'oiseaux. Il nous fallut, sauf les oiseaux, dépecer sur place notre gibier, afin de le rapporter par morceaux, à cause de son poids, et nous ne rentrâmes que le soir, épuisés de fatigue, à Epigwait.

CHAPITRE XII

UNE NUIT EN PLEIN AIR. — J'ENTREPRENDS DE TANNER DES PEAUX DE PHOQUE.

1er mai. L'hiver s'avance et le froid commence à se faire vivement sentir. Les lions de mer deviennent de plus en plus rares, ce qui fait que l'avenir ne se présente pas à nos yeux sous des couleurs fort riantes : le spectre de la famine nous apparaît menaçant à l'horizon, et, chaque jour, se rapproche à grands pas. Si encore le temps était moins mauvais, nous pourrions pousser plus loin nos recherches. Mais c'est seulement par exception qu'il nous est permis de nous aventurer sur les eaux de la baie.

Nous laissons Harry, qui est de semaine, à Epigwait, et nous partons à pied, dès le matin, pour explorer le sud de la côte, que nous ne connaissons pas encore ; il nous est impossible de longer le bord de la mer : il est formé de hautes falaises taillées à pic qui baignent leur pied dans des eaux profondes. Il nous faut prendre au-dessus, par le fourré, et nous y frayer péniblement un passage.

Un peu avant midi, nous arrivons au petit isthme qui relie à l'île la péninsule de Musgrave. C'était le but de notre excursion ; le sol étant bas, facile à aborder, nous espérions y trouver quelques lions de mer.

Après nous être reposés un instant sur un tronc d'arbre, nous faisons une battue dans tous les environs : pas un recoin que nous ne visitions en détail, et c'est peine perdue, il n'y a pas un seul phoque.

Fatigués, et non moins abattus par l'insuccès que par la lassitude, nous délibérons sur le parti que nous devons prendre. Notre premier avis est de rebrousser immédiatement chemin et de retourner à Epigwait; mais, en faisant toute la diligence possible, nous n'y arriverons pas avant la nuit. Et puis, revenir les mains vides, à quoi bon? Cela est-il raisonnable? Non, il faut, puisque nous sommes venus si loin, continuer notre route, traverser l'isthme, et voir si, sur le rivage opposé, nous ne trouverons pas ce que nous avons vainement cherché ici.

Peu de temps après, une magnifique baie circulaire s'offrait à nos regards. D'énormes galets couvraient le rivage, excepté vers le centre, où, sur une étendue d'une centaine de mètres, ils étaient remplacés par du gravier. Du côté opposé, en face de nous, elle se terminait brusquement par une falaise gigantesque qui nous masquait l'entrée du port.

Cheminant, trébuchant sur ces gros cailloux, l'œil au guet, l'oreille attentive au moindre bruit, examinant surtout les abords du bois, nous avancions, mais sans découvrir une seule trace de phoque. Nous atteignîmes enfin la plage de gravier, qui nous permit de marcher un peu plus commodément.

A cet endroit, la mine longue, l'estomac creux, nous nous assîmes piteusement au pied d'un rocher, en attendant que la marée fût assez basse pour nous permettre de nous avancer dans la mer et d'aller, en entrant dans l'eau, arracher quelques moules sur les récifs.

Environ une heure après, nous en avions ramassé une assez grande quantité; nous les dévorâmes toutes crues avec avidité. Le pauvre Musgrave paya cher ce repas de sauvages; il fut cruellement incommodé.

La nuit venait, froide, sombre, menaçante. Il était impossible de songer à regagner notre demeure, dans l'obscurité et par un chemin aussi accidenté, aussi dangereux, que nous n'avions parcouru qu'une seule fois. Force nous fut donc de rester où nous étions et d'y attendre patiemment le jour. Serrés les uns contre les autres pour nous préserver mutuellement du froid, devenu très vif, songeant à Harry qui nous attendait et dont l'inquiétude devait être extrême; tous abattus

Nous avions ramassé une assez grande quantité de moules.

d'esprit et de corps et Musgrave malade, nous passâmes la nuit — une nuit de seize heures ! — en plein air, derrière un rocher qui, interposé entre la mer et nous, nous protégeait un peu contre la violence du vent.

Enfin, le lendemain matin, entre sept et huit heures, les premières lueurs de l'aube commencèrent à paraître. Le vent tomba, mais il fut remplacé par un épais brouillard, auquel succéda bientôt une pluie fine et glacée. La faim, l'inexorable faim nous présentait de nouveau ses impérieuses requêtes. Mouillés, transis, nous quittâmes l'abri de notre rocher et profitâmes de la marée basse pour pêcher quelques moules, dont cette fois nous fûmes assez sages pour user avec modération. Puis, à demi rassasiés, nous reprîmes le chemin de la chaumière.

Musgrave et moi, nous marchions un peu en avant ; les deux matelots nous suivaient ; nous parlions peu ; nos réflexions n'étant pas de nature à relever mutuellement notre courage, nous évitions de nous les communiquer. Déjà nous touchions les galets, quand un léger bruit, venant du fourré, attira notre attention. Nous nous étions arrêtés pour mieux prêter l'oreille ; George et Alick, pressant le pas, nous eurent bientôt rejoints. Le bruit avait cessé et nous craignions de nous être trompés, mais il se fit entendre de nouveau. J'armai mon fusil, mes compagnons brandirent leurs bâtons, prêts à frapper : nous attendîmes. Au bout d'un instant, une tête se montra entre deux touffes de bruyère : c'était celle d'une jeune lionne qui se disposait à descendre au rivage. Elle avait dû venir à terre pendant la nuit, car, ainsi que je l'ai dit, nous n'avions vu la veille aucune trace fraîche. A notre aspect, elle s'était arrêtée indécise, ne sachant si elle devait continuer sa route ou retourner en arrière. Craignant qu'elle ne rentrât dans le fourré et ne nous échappât, je fis feu : ma balle lui traversa la tête.

Environ une demi-heure après, tout joyeux, pliant sous le poids de notre butin, dont chacun portait un quartier, mais ne sentant plus la fatigue, nous marchions résolument dans la direction d'Epigwait, où nous arrivâmes vers midi, après trente heures d'absence. Harry, en nous revoyant, versa des larmes de joie ; le pauvre garçon avait passé une nuit d'angoisse à imaginer tous les malheurs dont nous avions pu être victimes.

Mais à peine avions-nous satisfait à une nécessité — et celle de nous nourrir renaissait sans cesse, — qu'une autre se présentait, à laquelle il fallait pourvoir. J'ai déjà fait remarquer qu'étant partis de Sydney en été et pour un court voyage, nous n'avions pas emporté une grande provision d'objets d'habillement. Ceux de mes compagnons étaient déjà à moitié usés à l'époque de notre départ; seul j'en avais de neufs, parmi lesquels une excellente paire de grandes bottes, que je n'avais pas beaucoup portées, ayant été longtemps malade et incapable de faire de longues marches. Le moment vint donc bientôt où mes camarades, qui n'avaient cessé de parcourir les côtes rocheuses de l'île Campbell, puis celles des Auckland, virent leurs chaussures absolument hors de service. Que faire? ils avaient bien essayé de les remplacer par des espèces de mocassins faits avec de la peau de phoque, mais ils n'avaient pas réussi. Cette peau non préparée, toujours en contact avec un sol marécageux, devenait flasque, s'imbibait d'eau, pourrissait et les roches aiguës du rivage la déchiraient en quelques jours. Il fallait la renouveler si souvent, que la quantité des animaux que nous pouvions tuer était loin d'y suffire.

L'idée me vint alors de tanner cette peau avant de l'employer. Après avoir expérimenté les propriétés des différentes écorces d'arbres ou d'arbrisseaux que le pays pouvait fournir, j'acquis la conviction que celle du bois de fer était la meilleure; ses vertus éminemment astringentes devaient tenir à la forte proportion de tanin qu'elle renfermait, quoiqu'elle n'eût, comme je l'ai dit, que très peu d'épaisseur. Je m'en procurai une certaine quantité, je la hachai menu, je la fis bouillir dans de l'eau, et quand la liqueur me parut assez forte, j'en remplis une futaille, placée à côté de celle qui me servait de filtre pour la fabrication du savon. Dans un autre tonneau je fis une solution de chaux avec des coquilles de moules préalablement calcinées, et je mis dans le bain plusieurs peaux, les unes choisies parmi les plus épaisses, les autres plus minces, provenant de jeunes animaux. Je me proposais de détruire au moyen de cet alcali les matières grasses dont elles étaient imprégnées, avant de les tanner.

Serrés les uns contre les autres, nous passâmes la nuit derrière un rocher. (Voir p. 154.)

Après avoir séjourné deux semaines dans l'eau de chaux, les peaux en furent retirées. Avec quelques planches qui nous restaient et que je fixai par de fortes chevilles sur trois traverses, je fabriquai une sorte d'établi afin d'y étendre les peaux et d'achever de les nettoyer, ce qui fut facile. Nous dépouillâmes ainsi les plus épaisses de leur poil, mais nous ne touchâmes pas à celui de la plupart des petites, avec lesquelles nous nous proposions de faire plus tard des vêtements, pour remplacer les guenilles que nous avions sur le corps. Quant aux matières grasses, qui, combinées avec la chaux, avaient formé une espèce de savon, nous nous en débarrassâmes aisément en faisant tremper les peaux pendant plusieurs heures dans l'eau courante du ruisseau; après quoi, on les mit sous presse, entre plusieurs planches chargées de grosses pierres, pour en exprimer toute la chaux qui pouvait y rester. Quand cette dernière opération eut été répétée plusieurs fois, on les plongea dans le bain de tan. Malgré la précaution que nous eûmes de renouveler souvent la liqueur, ce fut seulement à la fin de l'hiver, quatre mois plus tard, que les plus épaisses furent convenablement tannées.

20 mai. Durant les trois dernières semaines nous avons été un peu plus favorisés sous le rapport de la nourriture. Ces jours-ci surtout, les marées ont été fort basses, et nous avons pu pêcher quelques moules ainsi qu'un peu de poisson que nous avons pris sous les rochers. En outre, nous avons tué trois phoques qui étaient venus dormir le soir dans le voisinage d'Epigwait.

Le temps est variable, mais généralement froid et humide. Le thermomètre a marqué en moyenne 3 degrés au-dessus de zéro à midi, à l'ombre, et la nuit il est souvent descendu au-dessous.

A l'ombre! Quelle dérision! N'y sommes-nous pas toujours? A peine le soleil se montre-t-il une ou deux fois par semaine, un court moment, entre deux nuages, et quel soleil! si pâle, si froid! Et quelquefois il ne paraît pas du tout pendant quinze jours de suite! Ah! que c'est triste d'avoir toujours au-dessus de sa tête un éternel voile gris, un lourd plafond de nuées sinistres! Plus de bleu! plus de ciel!

Il est pourtant une chose qui a toujours produit sur moi, ainsi que sur mes compagnons, une impression plus pénible encore, une sorte d'étouffement plein d'anxiété : c'est le bruit monotone et incessant des vagues sur la plage, à deux pas de notre hutte, et qui, joint à celui non moins continuel du vent parmi les arbres voisins, nous rappelle sans relâche notre cruelle destinée. Aussi avons-nous souvent les nerfs extrêmement surexcités ; bien des fois la mélancolie la plus sombre, à la fois violente et morne, a été sur le point de s'emparer de nous, et je suis persuadé que nous aurions déjà succombé aux sourds transports de l'hypocondrie, si nous n'avions été soutenus par le travail constant auquel nous nous livrions et qui ne nous laissait pas le loisir de songer à notre malheur.

Le travail ! c'est alors que j'ai senti sa valeur, sa vertu ! Quel bienfait de Dieu ! Quel bonheur que l'homme, ayant l'intelligence, l'imagination, tant de facultés actives, ait aussi le travail, qui leur fournit un aliment ! Sans ce frein, où ne s'égarerait-il pas ? Sans ce secours il est inévitablement condamné à devenir la proie ou d'une torpeur stupide, honteuse, ou des vices les plus hideux. On admire les harmoniques lois qui régissent les mondes ; moi, j'admire surtout cette loi, non moins harmonique, des besoins qui appellent le travail et du travail qui répond aux besoins, d'où résulte la vie saine, honnête, heureuse de l'homme ; je l'admire au point de vue désintéressé du contemplateur, et je l'aime, je la bénis, parce qu'elle m'a sauvé !

CHAPITRE XIII

LA NEIGE. — LES LIONS DE MER ÉMIGRENT.
MORT DE SA MAJESTÉ ROYAL-TOM.
L'AURORE AUSTRALE. — UN TREMBLEMENT DE TERRE.

Lundi 23 mai. Un épais tapis de neige couvre la terre; le feuillage toujours vert de la flore australe disparaît sous une couche de flocons amoncelés; les arbres, les buissons, les touffes d'herbes sont autant de bouquets blancs. La nature semble s'être parée comme pour une fête, mais que cette éblouissante parure est lugubre! On dirait la fête de la mort.

Un calme extraordinaire règne sur la terre et sur l'eau. La surface de la baie se ride à peine sous l'haleine presque insensible du vent. Les vagues aux crêtes vertes ont cessé de se mouvoir et de se couronner de leur blanche chevelure d'écume. La mer, unie comme un miroir, reflète tous les objets environnants, les falaises et les arbres de la côte, ainsi que les montagnes enveloppées de leurs manteaux blancs et qui, par un effet d'optique, paraissent moins hautes de moitié.

L'atmosphère est si transparente que l'on distingue nettement les horizons lointains, qui ordinairement échappent à notre vue; les distances paraissent raccourcies; tous les objets étonnamment rapprochés.

La tempête, souveraine de ces lieux, a abdiqué. Pour quelques moments, le silence est le maître absolu de ces solitudes. A de longs intervalles, un cri faible, timide, poussé par un oiseau, ou le beuglement lointain de quelque phoque, se font seuls entendre.

Le changement qui s'est opéré pendant la nuit a été si soudain, si complet, le tableau qui s'offre à nos yeux est si nouveau, que nous sommes restés longtemps immobiles, stupéfaits, à le contempler.

Tout à coup voici qu'un phénomène étrange se produit : la surface de la baie, si tranquille tout à l'heure, en plusieurs endroits s'agite, écume, et pourtant il ne fait pas de vent; du moins nous ne sentons rien; si quelque tourbillon était descendu de la montagne, il aurait entraîné avec lui et roulé dans son sein de nombreux flocons de neige, arrachés au sol ou aux branches des arbres, qui auraient rendu son passage visible, et nous n'avons rien vu. Non, ce sont évidemment des monstres marins qui prennent leurs ébats.

En effet, tandis que nous cherchons des yeux à pénétrer ce mystérieux phénomène, il s'éclaircit de lui-même en se rapprochant de nous, et bientôt plusieurs phalanges de lions de mer, nageant avec vitesse et de temps en temps sautant hors de l'eau comme le ferait une troupe de marsouins, passent à peu de distance du rivage.

En voyant un si grand nombre de ces animaux, qui depuis quelque temps étaient devenus extrêmement rares et que nous craignions de voir disparaître tout à fait, nous ressentîmes une grande joie; mais hélas! cette joie ne fut pas de longue durée.

Un moment après, il nous fut facile de comprendre, par leurs évolutions, que ces amphibies se rassemblaient avant d'abandonner la baie. Nous en fûmes convaincus lorsque les diverses phalanges, s'étant réunies en une seule, prirent la direction de l'entrée principale du port.

Les lions de mer émigraient! Je ne puis dire quel serrement de cœur nous éprouvâmes. C'était notre nourriture quotidienne, le soutien de notre vie qui s'en allait.

Vite, d'un commun élan nous courûmes vers le rivage, nous lançâmes le canot et, saisissant nos avirons, nous fîmes force de rames pour nous rendre à l'île Huit, dans l'espoir d'y rencontrer encore quelques retardataires, car notre provision de viande fraîche était presque épuisée. Mais nos recherches furent vaines, la plage était déserte; Royal-Tom lui-même ne parut pas, et nous supposâmes qu'il avait quitté son domaine favori. Il nous fallut retourner à Epigwait les mains vides.

Nous étions tristes, abattus. Nous avions devant nous la perspective de plusieurs mois de détresse, de misère. Pourrions-nous les supporter?

Il fallut d'abord nous mettre à la ration, car dès le lendemain nous fûmes obligés d'entamer les quelques morceaux de salé que nous avions suspendus aux chevrons de la chaumière. Le sel et la fumée avaient bien conservé cette viande, mais l'huile qu'elle contenait était devenue rance et lui donnait un goût de poisson gâté qui la rendait malsaine. Nous n'avions pas le choix, nous continuâmes à en faire usage, bien que notre santé en souffrît, ce qui nous inspira les craintes les plus vives pour l'avenir.

Plus que jamais nous tâchions d'y ajouter des moules, du poisson et quelques cormorans, tués à coups de fusil sur les rochers; mais, comme je l'ai dit, le temps ne nous permettait pas souvent d'aller à la pêche, et quant aux oiseaux, nous ne nous décidions que bien rarement à en tirer, pour ménager le plus possible le peu de munitions qui nous restait, ne sachant pas si le secours que nous espérions, en admettant qu'il vînt, ne se ferait pas encore longtemps attendre. Notre situation était bien misérable.

Mercredi 1er juin. Il fait très froid; le thermomètre marque 2 degrés au-dessous de zéro. Depuis le 23 du mois dernier, nous avons eu un mauvais temps presque continuel. Une pluie abondante, amenée par un coup de vent du N.-O., a fait fondre la neige, excepté sur les hauteurs, où la gelée en la solidifiant a ajouté une nouvelle couche aux glaciers qui couronnent les pics.

Le ciel s'est enfin un peu éclairci, le disque du soleil se montre par moments entre les vapeurs blanchâtres qui flottent légèrement au-dessus des montagnes. Sa lumière est bien pâle; cependant, quand elle brille, tous les glaciers s'illuminent et jettent des milliers d'étincelles : on dirait des diadèmes de diamants.

Tous ces jours-ci, nous avons vécu d'un peu de chair de phoque rance et de cette plante indigeste que nous avons appelée sacchary. Nous sommes faibles et malades; notre position devient de plus en plus critique.

Aujourd'hui, le vent s'étant un peu apaisé, nous avons profité de ce moment de relâche pour mettre le canot à la mer et aller voir si dans le Bras de l'ouest nous ne pourrions pas rencontrer quelque lion de mer.

La baie, que naguère nous ne traversions jamais sans apercevoir plusieurs de ces animaux, est maintenant complètement déserte. Nous ramions lentement, car nous n'avions pas beaucoup de force; enfin nous sommes arrivés à l'entrée du Bras. Nous nous sommes arrêtés un moment à l'île Masquée pour reprendre haleine et nous reposer un peu.

Tandis qu'Alick attachait le canot à une pointe de rocher, Musgrave, qui depuis un moment semblait prêter l'oreille, me dit tout à coup : « N'est-ce pas un cri de phoque que j'entends? Quel bonheur si nous allions trouver notre affaire ici! »

Il ne pouvait en effet nous arriver rien de plus heureux, car nous serions dispensés d'aller plus loin, et en cette saison les journées sont si courtes, que tout au plus avions-nous le temps d'atteindre la Passe de l'ouest avant le soir. Or la perspective de passer une seconde nuit loin d'Epigwait, sans feu et sans abri, par un froid pareil, n'était rien moins qu'agréable.

Un sourd grognement se fait entendre au-dessus de nous. Musgrave ne s'est pas trompé : il y a ici, tout près, quelque lion de mer.

Saisissant nos armes, fusil et bâtons, nous sautons lestement à terre, et au bout d'un instant nous nous trouvons en présence de trois phoques. C'est notre ancienne connaissance, Sa Majesté Royal-Tom, accompagné de deux femelles, ses épouses sans doute, aussi vieilles que lui.

Ainsi Royal-Tom n'est pas parti. Il n'a pu se décider à abandonner ces lieux qui lui sont familiers, ou bien il ne s'est pas senti la force, non plus que les deux vieilles lionnes, de suivre la bande des émigrants. Il aura abdiqué son pouvoir en faveur de quelque jeune lionceau, son descendant, qui a conduit son peuple en des régions plus propices, hors des atteintes de l'homme, l'ennemi de sa race, le meurtrier de ses enfants. Quant à lui, il restera ici, où il a vécu, où il a régné si longtemps, et où la mort, au premier moment, va venir le surprendre. Que lui importe? il a maintenant si peu de jours à vivre!

Nous lûmes quelques passages de la Bible. (Voir p. 170.)

Telles sont les réflexions qui, à la vue du vieux monarque, me sont venues à l'esprit, en moins de temps qu'il ne m'en faut pour les écrire.

Royal-Tom nous reconnaît; il laisse en arrière ses deux compagnes et s'avance à notre rencontre, en poussant comme à l'ordinaire son rugissement de défi.

Il nous en coûte de tuer ces pauvres animaux, surtout le vieux lion, que nous avions toujours respecté; mais le besoin presse, la famine nous menace, il n'y a pas à reculer. Quelques instants après, les trois bêtes sont étendues sans vie au fond de notre embarcation.

Un peu avant quatre heures, nous abordions à Epigwait. Il fait déjà nuit.

Ce soir-là, comme nous venions de finir la classe (car nous n'avions pas renoncé à notre école) et que nous allions nous mettre à jouer, George, qui était sorti un instant, rentra aussitôt en nous criant : « Venez voir, vite, venez voir ! »

Nous le suivîmes et nous nous trouvâmes devant un merveilleux spectacle. C'était une aurore australe dans toute sa magnificence. Le froid était intense, la brise avait cessé de souffler, les vapeurs blanches avaient disparu, le ciel était clair dans toute son étendue. Les étoiles pâlissaient devant les gerbes de feu de diverses couleurs qui émergeaient de l'horizon et s'élançaient vers le zénith, rapides comme des éclairs, mais se succédant sans interruption. Au sud, l'aurore était permanente : c'était un grand arc de cercle renfermant une lueur blafarde, d'où rayonnaient en tous sens des serpents enflammés.

Nous ne pouvions nous lasser de regarder, d'admirer. Comme la vue de telles splendeurs apaise, fait du bien ! Comme on s'oublie, soi et ses misères, devant ces imposantes manifestations de la grandeur de la nature et de la puissance du Créateur !

Durant la nuit il se passa un autre phénomène, non moins surprenant que le premier. Nous fûmes réveillés en sursaut par une secousse de tremblement de terre. Le mouvement se fit du N.-N.-E. au S.-S.-O. Il fut accompagné d'un bruit singulier; on aurait dit le roulement de mille charrettes sur une pente rocailleuse. La vibration dura de dix à quinze secondes; nos lits, nos tables, toute la maison oscillaient fortement. Nous étions glacés d'effroi.

Quelques tisons enflammés ayant été jetés hors de l'âtre sur le plancher, nous nous hâtâmes de les remettre à leur place.

Nous ne nous recouchâmes pas. Nous attendîmes le jour, assis en cercle autour de la cheminée. Nous prîmes la Bible et nous en lûmes quelques passages. On choisit ceux qui parlent de la clémence de Dieu, de sa bonté envers tous les êtres, même les plus chétifs, à qui il assure leur subsistance, et surtout envers l'homme, sa créature privilégiée, qu'il aime d'un amour de père :

« L'Éternel est miséricordieux et clément, lent à la colère et abondant en amour.

« Il ne nous a pas traités selon nos péchés et ne nous a pas payé le salaire de nos fautes;

« Car autant le ciel est élevé au-dessus de la terre, autant sa bonté est immense à l'égard de ceux qui le craignent[1].

« .... La femme peut-elle oublier l'enfant qu'elle allaite et n'avoir pas de tendresse pour le fils de ses entrailles? Quand elle pourrait l'oublier, moi je ne t'oublierai pas[2].

« .... Que les montagnes se déplacent et que les collines s'ébranlent, ma bonté ne se retirera pas de toi et mon alliance de paix ne sera pas ébranlée, a dit l'Éternel, qui a compassion de toi[3]. »

Ces paroles, qui s'appliquaient si bien à nous et au danger auquel nous venions d'échapper, remirent le calme et l'espérance dans nos cœurs.

---

1. Psaume CIII, 8, 10, 11. — 2. Isaïe, XLIX, 15. — 3. Isaïe, LIV, 10.

CHAPITRE XIV

EXCURSION DANS LE BRAS DE L'OUEST. — DÉCOUVERTE D'UN ANCIEN CAMPEMENT. — LES ÉPAVES.

Nous sommes presque arrivés aux jours les plus courts de l'année. Le soleil ne se lève guère avant huit heures et demie et se couche entre trois et quatre heures de l'après-midi.

Aussi depuis quelques semaines nos habitudes se sont-elles peu à peu modifiées. Au lieu de nous lever, comme nous le faisions d'abord, à six heures pour aller faire notre provision de bois à feu avant le déjeuner, nous restons couchés jusqu'à sept heures et demie. Seul celui d'entre nous qui est de semaine se lève avant les autres pour allumer le feu et préparer le premier repas.

Lundi 13 juin. Le froid est très vif, la matinée belle, la mer assez calme.

A cinq heures du matin, Alick, réveillé plus tôt que d'habitude, s'est levé et est allé au dehors observer le temps. Puis, après avoir jeté quelques bûches dans la cheminée pour rallumer le feu presque éteint, il a appelé Musgrave et lui a fait part de l'état propice de l'atmosphère, qui rendait possible une excursion sur la baie.

Ces allées et venues, le feu qui pétillait joyeusement dans l'âtre et lançait mille étincelles, la flamme qui montait en ronflant dans le tuyau de la cheminée, les voix de nos deux compagnons élevées à leur diapason ordinaire, tous ces bruits hâtèrent notre réveil.

« Allons, mes enfants, nous dit Musgrave qui s'était levé et assuré par lui-même de l'état du ciel, debout et en route! Il fait beau; l'occasion est favorable pour lancer le canot. Nous irons au Bras de l'ouest; c'est là que nous avons le plus de chances de faire bonne chasse et de renouveler nos provisions. Vous savez qu'il est temps d'y songer, si nous ne voulons pas nous trouver à court. »

Sauter hors de nos lits de mousse, passer nos habits, faire notre toilette au ruisseau et avaler un peu de bouillon de la veille qu'Alick venait de faire chauffer, tout cela fut l'affaire de quelques minutes; après quoi nous descendîmes à la plage.

Alick et George portaient la grande marmite de fer remplie de cendres chaudes, sur lesquelles nous avions placé quelques tisons enflammés. Quand ils l'eurent déposée dans le canot, ils allèrent chercher un grand morceau d'une des voiles du *Grafton*, destiné à nous servir de tente dans le cas où nous aurions à passer une seconde nuit loin de notre habitation.

C'était Musgrave qui avait eu l'excellente idée d'emporter du feu. La matinée était très froide, ce petit brasier nous fut d'un grand secours.

Une légère brise du nord se met à souffler; elle est la bienvenue; elle nous permet de hisser la voile et nous dispense de ramer.

Au petit jour, nous débarquons à l'île Masquée, dans l'espoir d'y trouver quelque lion de mer. En vain nous la parcourons en tous sens; elle est absolument déserte. Il faut repartir et aller plus loin.

Le grand jour est venu. Nous naviguons dans l'étroit passage qui sépare la petite île de la terre; puis, après avoir contourné une pointe en forme de péninsule, nous entrons dans le Bras de l'ouest.

Bientôt, à deux encablures de distance de la pointe que nous venons de doubler, en longeant la côte nord du bras, nous découvrons une petite passe où nous nous engageons. Comme le vent qui sort du goulot nous est contraire, nous serrons la voile et nous nous servons des rames. Au bout de dix minutes nous arrivons dans une charmante petite baie, abritée de tous les côtés et où deux ou trois navires se trouveraient en parfaite sécurité. A l'entrée de la passe, la profondeur de l'eau est de sept brasses, sur un fond de sable vaseux, puis elle diminue graduellement jusqu'à trois brasses près de la côte qui forme le fond de la baie; là se jettent deux ruisseaux limpides.

Nous débarquons, nous tirons le canot à terre, et nous trouvons sur le rivage faisant face à l'entrée de la baie une assez grande clairière parsemée de souches, de troncs d'arbres coupés près du sol; évidemment la hache seule a pu faire cet abatis et des hommes sont venus ici. Nous escaladons les troncs et nous découvrons au centre du taillis les restes de deux cabanes écroulées, vermoulues, pourries par l'humidité. Ces vestiges sont plus anciens que ceux de l'île Huit.

Revenus sur la plage, nous la suivons jusqu'à l'embouchure de l'un des ruisseaux. Aucune trace de phoque ne s'offre à nos regards, mais voici une petite bande d'oiseaux; ils ressemblent à des macreuses, excepté par le bec, qui est pareil à celui des cormorans. Un coup de fusil en abat quatre; notre déjeuner est assuré.

Tandis qu'Alick est allé chercher dans le canot un tison enflammé pour faire du feu et rôtir nos oiseaux, et que George prépare le gibier, Musgrave et moi nous remontons le ruisseau.

A peine avons-nous fait quelques pas sur ses bords que Musgrave trébuche et manque de tomber. L'obstacle contre lequel son pied s'est heurté est un objet blanchâtre, à demi enfoui dans la tourbe; en l'examinant de plus près, nous reconnaissons une brique. Un peu plus loin, un petit tas de briques semblables gît à terre, au pied d'un gros arbre, mais si bien dissimulé par la tourbe et par les feuilles qui le recouvrent, que, sans l'accident de Musgrave, nous ne l'aurions pas aperçu. Ces briques ont probablement été laissées par les voyageurs qui ont campé dans le taillis voisin et qui auront établi ici un fourneau pour faire fondre de la graisse de phoque. Elles peuvent, à un moment donné, nous être utiles : nous les emportons.

Nous donnons à cette baie le nom de *Camp-Cove*, c'est-à-dire Crique du Camp.

Après avoir fait honneur aux macreuses, qui nous ont paru excellentes, nous remettons à la voile et nous parcourons le Bras de l'ouest. Jusqu'ici nous n'avons pas rencontré un seul phoque, mais, un peu avant d'arriver à l'île Monumentale, nous en apercevons un, qui nage près de la côte de l'île Adam, à quelques centaines de mètres de la passe.

C'est un vieux mâle, presque aussi vénérable que Royal-Tom. Nous comprenons, à ses évolutions, qu'il cherche un endroit favorable pour atterrir. Vite, de peur de l'effrayer, nous abattons la voile et nous arrêtons la course du canot en nous tenant sur nos avirons.

L'animal sort de l'eau, se glisse doucement entre deux rochers et se dirige vers les hautes herbes qui bordent le bois et qui marquent la limite des grandes marées. La plage est inégale, rocailleuse; il paraît fatigué et s'arrête pour reprendre haleine. Tout à coup, relevant la tête et regardant par-dessus une grosse pierre, il nous aperçoit; il fait un léger mouvement rétrograde : va-t-il retourner à la mer et nous échapper?

J'ai armé sans bruit mon fusil, j'ajuste le lion. L'attente, l'anxiété se peignent sur le visage de mes camarades. Le phoque a l'air indécis, tantôt tournant la tête vers le rivage, où la prudence lui conseille de retourner, tantôt regardant du côté des grandes herbes, qui l'invitent au repos.

« Ne vous pressez pas, donnez-vous le temps de viser! » C'est la voix de Musgrave qui murmure ces mots à mon oreille.

Dois-je tirer? La distance est si grande! Mais si j'attends, la proie peut m'échapper. Je fais feu. Le lion est touché; il n'est pas mort, il a la mâchoire brisée, il est tout étourdi; c'est assez pour nous donner le temps de débarquer.

Quelques vigoureux coups d'avirons nous portent au rivage, près de l'endroit où l'animal se débat. Nous sautons à terre, nous fondons sur lui, et, avant qu'il ait repris ses sens, nous l'achevons avec nos gourdins.

A nous quatre, nous le traînons jusqu'au canot; c'est tout ce que nous pouvons faire que de l'y mettre. Je suis sûr qu'il ne doit pas peser moins de quatre cents kilos.

Nous ne voulons pas quitter cet endroit sans contempler encore une fois, du haut de la falaise, le magnifique spectacle qu'offre la passe et que j'ai déjà décrit. En redescendant, nous rencontrons une poule d'eau, que George tue adroitement d'un coup de pierre. Sur la plage, autre trouvaille : voici un morceau de vergue et un sabord en bois de sapin. D'où viennent ces épaves? Elles ont été

Lion de mer avec sa famille.

apportées ici tout récemment par la marée, car lors de notre première visite, nous ne les y avons pas vues.

— Peut-être un sinistre a-t-il eu lieu ici. Dans cette supposition, nous allumons un grand feu, une épaisse fumée monte vers le ciel : s'il y a des naufragés dans le voisinage, ils la verront. Quant à tirer des coups de fusil, ce serait peine perdue : le bruit des vagues et les détonations incessantes que produisent les lames dans les cavernes de la falaise ne permettraient pas de les entendre. Nous explorons en tous sens les environs, nous ne trouvons personne.

La journée s'avance, nous ne pouvons sans imprudence nous attarder davantage. Nous partons et, quelque diligence que nous fassions, nous n'arrivons à Epigwait qu'à quatre heures, après la tombée de la nuit.

D'où provenaient les débris du navire que nous avions vus sur le rivage? D'un bâtiment auquel un coup de mer avait fait éprouver des avaries, ou bien d'un naufrage, comme nous l'avions d'abord supposé? Nous ne l'avons jamais su. Ce qui est certain, c'est que les sinistres sont fréquents dans ces parages, les nombreux navires qui vont d'Australie en Europe passant presque tous en vue des Auckland, situées sur leur ligne de course.

Eh bien, je ne puis m'empêcher de faire observer, à ce propos, combien il importerait que ces îles, placées dans la zone du globe la plus exposée aux tempêtes, ne fussent pas complètement abandonnées aux éléments qui s'y déchaînent, et qu'on y établît un phare, une station, visitée de temps en temps, où les malheureux naufragés trouveraient un secours immédiat. Je voudrais qu'il me fût donné d'éveiller sur ce point l'attention du gouvernement anglais, si soucieux des intérêts de son commerce comme de la sécurité de ses sujets.

Puisse notre exemple, joint à celui de l'*Invercauld* et du *General Grant*, qui, ainsi que le *Grafton*, se sont, dans l'espace de peu d'années, perdus sur les côtes de ces îles désertes, servir à cet heureux résultat!

Quelle consolation pour ceux qui ont souffert, et même pour ceux qui souffrent, s'ils pouvaient se dire que leur malheur ne sera pas stérile, mais qu'il portera des fruits bienfaisants, qu'il sera pour d'autres une dispense, une rançon! S'il en était ainsi, je crois vraiment qu'il y aurait de la joie à souffrir.

CHAPITRE XV

DÉTRESSE. — AU FOND DU GOUFFRE. — UNE BONNE JOURNÉE. ACTIONS DE GRACES.

A quelque temps de là nous étions de nouveau réduits à grignoter notre dernier morceau de salé rance et à ne pas savoir où nous prendrions le repas du lendemain.

Pendant trois jours entiers nous avions parcouru en vain les environs d'Epigwait, battant les buissons, cherchant partout de quoi manger. Pour ma part, j'étais allé à la pointe Raynal pour essayer de prendre du poisson, mais je n'avais pas été heureux ; j'étais revenu le sac à peu près vide ; je n'avais fait qu'une capture insignifiante : deux ou trois petites morues. Quant aux moules, il ne nous était pas possible d'en pêcher ; nous n'étions pas encore au temps des grandes marées, la mer ne descendait pas assez bas.

Ah ! qu'après de pareilles journées la soirée se passait tristement ! La leçon languissait ; nous étions trop abattus, trop préoccupés pour y prêter beaucoup d'attention. Nous avions encore moins le courage de jouer. Jouer quand on a la perspective de mourir de faim ! Nous nous couchions de bonne heure, et, comme nous étions fatigués, nous dormions. Pendant ce temps-là, du moins, nous ne pensions pas à notre misère.

A la fin de ce troisième jour de disette, avant de nous mettre au lit, nous adressâmes en commun une humble prière au Très-Haut, au Maître de toutes choses, lui exposant notre détresse et remettant avec docilité et avec foi notre sort entre ses mains.

Le lendemain, je me remis en chasse dès le point du jour. J'avais pris mon fusil, je me proposais de tuer des cormorans. Malheureusement ces oiseaux, qui commençaient à nous connaître et à nous craindre, ne venaient plus que rarement se poser sur les rochers environnants, et ceux qui s'y posaient s'envolaient dès qu'ils nous voyaient paraître. Je réussis pourtant à en abattre trois, que vers midi je rapportai à la maison d'un air assez piteux : ils m'avaient coûté deux coups de fusil; c'était bien cher.

Ils nous parurent excellents; ils n'avaient qu'un défaut : celui d'être trop petits. Alick était absent; nous lui mîmes religieusement sa part de côté.

Il était, lui aussi, parti dès le matin pour explorer le côté nord du rivage. Nous venions de finir notre trop frugal repas quand nous le vîmes revenir. Il dégringolait la falaise, souvent plus vite qu'il ne voulait; il avait une lourde charge sur le dos. Nous courûmes à lui. O bonheur! il avait fait bonne chasse.

Ce qu'il portait, c'était un jeune lionceau de l'année, ayant sept ou huit mois et pesant environ cent cinquante livres. Avec un pareil fardeau il revenait du haut de la baie, et par quels chemins! Le Norvégien était un brave et solide garçon, qui, s'il parlait peu, savait agir.

Il nous raconta qu'à un mille plus loin que la baie des Canards il avait vu sur le sol, que recouvrait une légère couche de neige, une trace toute fraîche. Il l'avait suivie dans le fourré et avait fini par se trouver en présence d'une vieille femelle et de son petit. Après une poursuite excessivement pénible, il avait réussi à les atteindre et à les tuer tous deux. Il avait laissé la mère sur place et il rapportait le jeune.

Nous nous mîmes immédiatement en route pour aller chercher la lionne, sous la conduite d'Alick, qui, quoique fatigué, retourna sur ses pas afin de nous montrer le chemin. Harry resta à la maison; il devait nous préparer un bon repas pour le soir.

Musgrave avait pris les devants avec le Norvégien. Je les suivais à une centaine de mètres de distance, et George venait le dernier, à cinquante pas derrière moi.

A peu près à moitié chemin, un peu avant d'arriver à la baie des Canards, se trouve une falaise qui s'avance en pointe dans la mer. A sa base gisent pêle-mêle d'énormes débris de rochers aigus, rendus glissants par la mer qui les recouvre à marée haute et qui y dépose une couche de plantes marines.

Pour éviter ce passage difficile, j'entrai dans le fourré, où George s'engagea après moi. Musgrave et Alick avaient continué à suivre le bord de la mer.

De l'autre côté de la falaise, dans une petite anse, il existe un marécage, alimenté par un filet d'eau qui coule de la montagne dans une étroite et profonde crevasse. Cette crevasse, formée par l'action incessante de l'eau dans une veine de pierre verdâtre et molle, est recouverte, à l'endroit où elle aboutit au marais, sur une longueur d'une vingtaine de mètres, par une espèce de voûte ou de pont : ce sont des racines d'arbres qui vont d'un bord à l'autre et sur lesquelles il s'est formé une épaisse couche de tourbe. Dans cette partie couverte que nous appelions le *pont*, la crevasse est à peu près large de deux mètres et profonde de dix.

Un peu plus haut, le long de ses parois pendent de nombreuses racines longues et chevelues, et son ouverture est presque entièrement masquée par une quantité de plantes à larges feuilles, de touffes de fougères et de lianes qui poussent sur les bords.

En remontant plus haut encore, on voit ces deux lignes de végétation, d'abord distinctes, se fondre en une seule masse ; on n'aperçoit plus du tout l'excavation qu'elle recouvre ; au-dessus, les arbres du fourré entrelacent leurs branches et forment une voûte de feuillage qui ne laisse pénétrer qu'un demi-jour douteux ; c'est un des plus dangereux casse-cou de cette partie de la côte.

Je m'avançais, suivi de George, vers cet endroit. Enjambant les troncs d'arbres, glissant entre les fougères, écartant les lianes et les grandes feuilles chargées de gouttes d'eau, nous marchions le plus vite possible pour rejoindre Musgrave et Alick de l'autre côté de la falaise.

Tout à coup, à quelques pas de moi, le bruit d'un animal qui s'enfuit attire mon attention. Je m'arrête court, mais pour une seconde seulement. J'ai aperçu la bête : c'est un lion de mer, un jeune mâle qui peut avoir deux ans; mon bâton à la main, je m'élance à sa poursuite.

Je courais de toute la vitesse dont j'étais capable; plusieurs fois je me trouvai près du phoque et je fus sur le point de le frapper, mais je m'en abstins, craignant de le manquer, à cause des obstacles qui me gênaient, et préférant attendre que je fusse sûr de mon coup. Effaré, l'animal fuyait de son mieux.

Tout à coup j'entendis la chute d'un corps volumineux à deux pas devant moi. Le phoque venait de disparaître dans la crevasse, profonde de quinze pieds en cet endroit. J'eus de la peine à retenir mon élan, et ne pus éviter de tomber à mon tour dans le gouffre qu'en me cramponnant à une touffe de fougère qui croissait sur le bord.

M'étant relevé au plus vite, car le brusque arrêt de ma course m'avait précipité à terre, je criai à George d'aller garder l'issue du ravin sur la plage : le lion, qui pataugeait bruyamment dans l'eau au fond de la crevasse, prenait cette direction.

Au bout d'une quinzaine de minutes j'entendis la voix de George qui, de son poste, m'avertissait qu'il n'avait encore rien vu paraître. Pensant que l'animal s'était arrêté sous le pont, je résolus d'y descendre moi-même et d'aller l'en faire sortir.

La lanière de mon gourdin passée autour du cou, m'accrochant des deux mains aux racines et aux lianes qui pendaient dans le gouffre à l'endroit où le phoque était tombé, je me laissai glisser jusqu'à quelques pieds du fond, où, lâchant prise, j'arrivai sans accident.

J'étais dans l'obscurité. Tâtonnant les parois du fossé, les pieds dans une eau glacée, je suivis les traces de la bête. Au bout de quelques instants je commençai à voir un peu plus clair. Près du pont, la crevasse, ainsi que je l'ai fait observer, était plus large et beaucoup plus profonde qu'à l'endroit où j'étais descendu. Je trouvai là un enchevêtrement de lianes et de racines pendantes qui fermaient comme un rideau l'entrée de cette espèce d'égout. Je me baissai pour passer dessous et fis quelques pas en avant. J'étais dans une caverne obscure; il n'y pénétrait qu'une faible lueur par l'ouverture étroite

Mon bâton siffle et s'abat sur la tête du lion de mer. (Voir p. 185.)

et basse qui donnait sur le marais. L'espace était ici bien plus vaste que dans le goulot. Les deux murailles, rapprochées vers le haut, s'écartaient beaucoup dans le bas. Au milieu, le petit filet d'eau claire courait bruyamment sur le sol en pente pour gagner la sortie, auprès de laquelle, sur un des côtés, j'aperçus le lion immobile : sans doute il voyait George qui faisait sentinelle au dehors, et il se tenait sur la réserve.

Il y avait juste assez de clarté pour me permettre de surveiller les mouvements de mon adversaire, qui, aussitôt qu'il entendit mes pas, se retourna, poussa un rugissement de colère et fit sur moi une charge désespérée. Heureusement, étant du côté de l'ombre, j'avais sur lui l'avantage. Toutefois je savais que je ne pouvais frapper qu'un seul coup et qu'il fallait frapper juste; sans quoi, il ne me laisserait pas le temps de recommencer, je serais à sa merci.

Tenant à deux mains mon bâton, à la hauteur de mon épaule, les yeux fixés sur lui, j'attendis qu'il fût bien à ma portée. Le voici! la gueule béante, il s'élance sur moi,... je frappe, mon bâton siffle et s'abat sur sa tête.

J'avais touché juste. Poussant un profond soupir, le phoque s'affaissa sur le sol de la caverne, qu'il battit un moment de ses nageoires, puis il resta sans mouvement. Je l'achevai avec mon couteau, je le traînai ensuite jusqu'à l'issue de la crevasse, ce qui ne fut pas facile, car il pesait environ deux cents kilos; mais je le fis rouler dans le ruisseau et l'eau m'aida à le transporter jusqu'auprès de l'orifice, par lequel, avec l'aide de George, je le poussai dehors.

Cela fait, je fus forcé de me mettre moi-même à plat ventre dans l'eau glacée du ruisseau et de prendre le même chemin. Je me relevai de là ruisselant comme un triton, grelottant, claquant des dents, sous une bise aigre qui collait mes vêtements mouillés sur le corps.

Après avoir tiré notre gibier hors du marais, dont la surface était couverte d'une légère couche de glace, nous eûmes bientôt fait de le dépecer en quatre quartiers, dont deux furent suspendus aux branches d'un arbre; chargés des deux autres, nous retournâmes à Epigwait.

La nuit était venue, et nos compagnons Musgrave et Alick

n'étaient pas rentrés. Sans doute ils nous attendaient et devaient être inquiets de nous. Après avoir changé d'habits et nous être munis d'une petite lanterne à vitres de corne que nous avions rapportée du *Grafton*, nous allâmes au-devant d'eux. Arrivés à la baie des Canards, non loin du premier ruisseau, nous entendons retentir un cri : ce sont eux qui, à notre vue, ou plutôt à celle de notre lanterne allumée, ont poussé une joyeuse exclamation. Malgré toute leur diligence, l'obscurité les a surpris, et, craignant de s'aventurer sur les rochers des falaises ou parmi les embûches du fourré, ils se sont résignés à passer la nuit ici. Ils nous montrent la place où, après avoir déposé leur fardeau, ils allaient s'asseoir, serrés l'un contre l'autre, sous un énorme tronc creux, presque renversé, qui, en cas de pluie, les eût un peu préservés.

Comme ils sont transis de froid, nous avons mis le feu à une brassée de broussailles ; puis, après nous être tous un peu réchauffés, George marchant en tête avec la lanterne, nous avons repris la route du logis, où nous ne sommes arrivés qu'à neuf heures.

Nous ouvrons la porte, nous entrons dans la chambre : quel spectacle réjouissant s'offre à nos yeux! quel contraste avec ce que nous venons de quitter! Au dehors, la nuit, un froid intense, la bise qui siffle et qui mord ; au dedans, la lumière et la chaleur. Un grand feu flambe en pétillant dans l'âtre ; une tiède atmosphère nous enveloppe et nous pénètre ; toutes les lampes allumées remplissent d'une joyeuse clarté l'intérieur de la chaumière.

Sur la table, le couvert est dressé avec un soin plus minutieux qu'à l'ordinaire. Notre vaisselle, toute grossière qu'elle est, brille d'une irréprochable propreté. Au milieu trône, tout fumant, un énorme morceau du jeune animal tué le matin par Alick, et que Harry, notre *chef*, s'est appliqué à faire cuire à point.

Brave Harry! Évidemment il a voulu donner un air de fête à cette journée où, après la disette, après la détresse, l'abondance et la sécurité sont rentrées chez nous. Le contentement que nous cause la vue de ses préparatifs et qu'il lit sur nos figures paraît le ravir.

Mais nous ne restons pas longtemps contemplateurs passifs de cet attrayant tableau ; nous entourons la table, nous nous asseyons en

George marchait en tête avec la lanterne.

hâte, et, fourchettes, couteaux en main, nous nous disposons à attaquer vigoureusement le rôti.... Musgrave, lui, sérieux, presque solennel, est demeuré debout. Nous le comprenons, et, nous relevant aussitôt, nous nous associons aux actions de grâces qu'il adresse à la Providence, qui a si manifestement exaucé notre prière de la veille. En effet, pouvait-elle faire une réponse plus prompte, plus directe, plus généreuse à notre requête? Nos cœurs débordent d'émotion, de reconnaissance.

CHAPITRE XVI

LE PIC DE LA CAVERNE. — NOUS SOMMES SURPRIS PAR LE BROUILLARD.
VISITE AU HAVRE DU CENTRE. — LES GROSEILLES.
UNE IDÉE IMPRATICABLE.

Trois jours de forte gelée, puis trois jours de tempête continuelle, d'ouragan soufflant successivement de tous les points du ciel avec une violence épouvantable, au grand préjudice des pauvres arbres de la côte, telle est l'histoire de la dernière semaine.

Ce matin, 9 août, le temps s'étant apaisé et éclairci, nous avons voulu, Alick et moi, tenter l'ascension de la montagne située derrière notre habitation, ascension qu'avaient faite nos compagnons, mais à laquelle ni l'un ni l'autre nous n'avions pu prendre part.

Parvenus, avec une peine infinie, au sommet du mont, nous avons joui du splendide spectacle dont Musgrave nous avait fait la description. C'était un prodigieux chaos de cimes, de pics, de rochers abrupts, entrecoupés de ravins, de vallées, de précipices, qu'enveloppait de toutes parts l'immensité paisible de l'océan.

En face de nous et à peu de distance se dressait un sommet dans lequel s'enfonçait une caverne noirâtre; nos compagnons n'avaient pas eu le temps de le visiter; nous l'atteignîmes après une marche assez longue et assez périlleuse sur une mince arête de la montagne.

Cette caverne, vue de près, nous parut être un ancien cratère dont un des côtés s'était affaissé; l'autre, resté debout, surplombe comme une moitié de voûte au-dessus du gouffre. Les alentours sont couverts de scories, et sur le côté le moins élevé on distingue encore le lit d'un torrent de lave qui aboutit dans une profonde vallée située au bas du versant opposé à celui qui fait face au port de Carnley.

Descendus dans l'intérieur de la caverne, nous avons pu l'examiner à loisir : l'aspect vitreux de ses parois ne nous a laissé aucun doute sur son origine volcanique.

Jusqu'alors nous n'avions couru aucun danger réel et nous nous félicitions d'avoir entrepris cette excursion ; mais notre retour fut loin d'être aussi heureux. Nous avions quitté la caverne, nous étions à peu près à la moitié du chemin qui la sépare du premier pic, quand tout à coup est survenu un brouillard épais ; nous nous sommes trouvés comme au milieu d'un nuage. Notre position était des plus critiques. Nous n'osions plus faire un pas, car l'arête de la montagne était étroite et le moindre faux mouvement pouvait nous précipiter dans quelque abîme. D'un autre côté, par le froid qu'il faisait, rester immobile était aussi dangereux que pénible ; si l'engourdissement qui commençait à nous saisir achevait de nous paralyser, si nous tombions dans ce fatal sommeil auquel tous les efforts de la volonté sont impuissants à résister, nous étions perdus, nous étions condamnés à périr sur ce sommet désert. Nos compagnons viendraient certainement à notre recherche et finiraient par nous trouver, mais quand ? le lendemain probablement, et alors il serait trop tard.

Nous sommes restés environ une heure dans la blanche obscurité de cette vapeur compacte, en proie aux plus cruelles appréhensions, déplorant notre imprudence. Alick s'était rapproché de moi ; je tenais sa main glacée, que je commençais à ne plus sentir. Enfin une brise de S.-O. se mit à souffler, et en quelques instants elle emporta le nuage qui nous enveloppait.

Elle était bien froide, bien aiguë, cette brise, mais avec quelle joie nous sentions son tranchant nous couper le visage, quand nous la voyions en même temps déchirer et entraîner par lambeaux la brume qui nous retenait prisonniers ! Dès que nous vîmes clair, nous reprîmes notre marche avec une énergie qui rendit bientôt la chaleur et la souplesse à nos membres. La descente de la montagne s'accomplit sans accident ; il était nuit quand nous arrivâmes à la chaumière, où le souper nous attendait.

Notre position était des plus critiques.

Le surlendemain (la veille il avait plu toute la journée), nous avons mis le canot à la mer pour aller au Havre du Centre (*Middle Harbour*), que nous n'avions pas encore visité.

C'est le plus petit des trois bras de mer qui sont comme des ramifications du port de Carnley. L'eau y est profonde ainsi que dans les deux autres, excepté à son extrémité, où la baie forme un coude se dirigeant vers le sud. Plusieurs navires trouveraient là un excellent ancrage, par sept brasses d'eau sur un fond de sable vaseux entremêlé de débris de coquillages.

Dans ce petit port viennent aboutir plusieurs ruisseaux qui, à marée basse, creusent un profond sillon sur une plage de gravier d'une assez grande étendue. L'un de ces ruisseaux, celui du sud, prend sa source sur un pic voisin, auquel, à cause de sa ressemblance avec un monument à larges gradins, nous avons donné le nom de *Tour de Babel*.

Après avoir débarqué et tiré le canot à terre, nous avons exploré la côte. Mes compagnons marchaient devant et je les suivais à quelques pas de distance, quand un objet de couleur rouge, situé sur la lisière du fourré, dans un enfoncement, a frappé ma vue. Je me suis approché, et, à ma grande surprise, j'ai trouvé un arbrisseau, haut d'un mètre environ, tout couvert de petits fruits rouges qui paraissaient mûrs. Ses feuilles, dures, très touffues, très petites, ressemblaient à peu près à celles du buis.

J'étais émerveillé de voir des fruits, des fruits mûrs en plein hiver. J'en mangeai, un d'abord, puis plusieurs : ils étaient délicieux. Ils avaient à peu près la grosseur, la forme et le goût de la groseille. Toutefois ils n'étaient pas réunis en grappe; chaque grain était isolément fixé par une courte attache dans l'angle de la tige et de la feuille. Ils étaient si abondants que, de loin, l'arbuste avait l'air d'une grosse boule rouge, tiquetée de points d'un vert sombre.

Pressé d'annoncer ma découverte à mes camarades et de les inviter à venir partager mon régal, j'allais courir à eux en les appelant, mais je retins mon élan et ma voix, pour ne pas troubler la scène qui se passait à peu de distance de l'endroit où j'étais.

Eux aussi, ils avaient fait une trouvaille. Comme je venais de les quitter pour entrer dans le fourré, et que, n'entendant plus le bruit de mes pas, ils s'étaient retournés pour voir si je les suivais, ils avaient aperçu un lion de mer, encore tout ruisselant, qui s'était approché du canot et qui en examinait l'intérieur avec beaucoup d'attention. Quand il eut satisfait sa curiosité, ne se croyant probablement pas en sûreté dans un pareil voisinage, il se retourna, en reniflant d'un air farouche, du côté de l'eau, où d'un bond il se replongea.

Cependant Musgrave, se baissant, rampant presque à terre, s'était lentement avancé vers le canot. Quand de la lisière du fourré je vis cette scène, il était accroupi derrière l'embarcation, immobile, tenant mon fusil et l'épaulant, prêt à tirer dès que le phoque lui en fournirait l'occasion.

Mais celui-ci, au lieu de se rapprocher de la plage, semblait vouloir s'en éloigner. Ses évolutions étaient fort singulières; il allait et venait, il courait des bordées en face du canot, comme s'il ne s'en écartait qu'à regret; on le voyait même de temps en temps sortir sa tête et ses épaules de l'eau, qui était peu profonde, en s'appuyant et se haussant sur ses nageoires antérieures, pour regarder encore cet objet extraordinaire.

Musgrave, craignant qu'il ne s'éloignât trop, choisit un moment où, la tête levée et fixe, il se livrait de nouveau à sa contemplation favorite, l'ajusta et fit feu. La balle lui traversa le crâne; il disparut sous l'eau.

Une seconde après, nous étions tous les quatre dans la barque, ramant avec vigueur; une large tache rougeâtre sur la surface de la mer indiquait l'endroit où gisait le phoque, qui perdait son sang; comme il n'y avait que trois ou quatre pieds de profondeur, nous l'eûmes bientôt repêché, et, ne pouvant embarquer sur place un si pesant fardeau sans courir le risque de chavirer, nous le remorquâmes jusqu'au rivage.

Cette expédition terminée, je menai mes compagnons dans le fourré et je leur montrai mes groseilles, qui eurent un immense succès. Ils s'en régalèrent à qui mieux mieux. Plusieurs arbrisseaux semblables que nous découvrîmes dans le voisinage furent en quelques minutes complètement dépouillés. Nous n'avions jamais fait une si luxueuse collation.

Musgrave était immobile, tenant mon fusil, prêt à tirer.

J'emportai quelques graines de cet arbuste pour les donner, si j'avais le bonheur de revoir ma patrie, à la Société d'Acclimatation ou au Jardin des Plantes. Nul doute, ce me semble, qu'avec quelques soins de culture il ne pût augmenter le nombre des plantes utiles et agréables dont nous jouissons déjà.

En retournant à la plage, Harry tua avec son bâton un jeune albatros, que nous joignîmes à notre butin. Nous revînmes tout joyeux à la maison. La journée avait été bonne.... Les mêmes alternatives de disette et d'abondance relative et, par suite, de découragement et d'espoir, se produisirent durant les semaines suivantes. Septembre se passa de la même manière. Les épisodes de chasse, de pêche qui le remplirent diffèrent peu de ceux que j'ai déjà eu si souvent l'occasion de raconter. Ce qui rendit ce dernier mois particulièrement pénible et long à traverser, ce fut le mauvais temps, qui nous retint presque continuellement prisonniers au logis. Les bourrasques, la pluie, la grêle, le brouillard, tous les démons de l'atmosphère s'étaient donné rendez-vous dans cette saison d'équinoxe et dans ces parages inhospitaliers pour y célébrer leurs terribles saturnales.

Enfin octobre vint raffermir un peu notre courage. Le plus fort de l'hiver était passé, c'était l'époque où l'on pouvait, où l'on devait envoyer de Sydney un navire à notre recherche, que ce secours vînt de nos associés ou bien du gouvernement.

Notre attente était des plus vives. Musgrave proposa même de poster une vigie sur la péninsule qui porte son nom : aussitôt qu'elle apercevrait le navire entrant dans le port, elle allumerait un bûcher préparé d'avance sur la pointe la plus avancée ; le feu attirerait l'attention de l'équipage ; on mettrait immédiatement un canot à la mer pour recueillir celui de nous qui aurait été placé en sentinelle et qui alors piloterait le bâtiment jusqu'à Camp-Cove, où il serait en sûreté ; après quoi, il irait à Epigwait avertir ses camarades, qui se rendraient à bord du navire, et nous dirions adieu un éternel adieu, aux Auckland.

Le 4 novembre, l'esprit plein de ce projet ou plutôt de ce rêve, nous allâmes en canot chercher un endroit où l'un de nous pourrait s'établir. Après avoir doublé la péninsule et nous être assurés que notre signal existait encore, nous avons longé la côte rocheuse qui fait face à l'entrée du port. Là, après une petite anse dont nous avons suivi le contour, nous sommes arrivés à une falaise qui se projette dans la baie. La situation était admirable. Nous sommes montés sur la falaise, du haut de laquelle on voyait non seulement le port de Carnley, mais au delà, entre les deux promontoires de l'entrée, la pleine mer.

L'endroit était trouvé, mais, maintenant qu'il s'agissait de mettre notre projet à exécution, d'insurmontables difficultés, auxquelles, dans notre ardeur, nous n'avions pas songé, nous apparurent. Ce lieu était fort éloigné d'Epigwait; il faudrait apporter fréquemment des vivres à celui qui ferait sentinelle; l'un de nous étant nécessairement retenu à la maison, nous ne serions plus que trois pour nous occuper de la chasse et pour aller approvisionner notre vigie : nous n'y suffirions pas. Et quand le mauvais temps rendrait la navigation impossible?

En outre, il serait nécessaire de construire une cabane, une hutte quelconque pour abriter notre compagnon, et nous savions par expérience la difficulté, la longueur d'un pareil travail. Nous devrions donc venir ici, si loin de notre camp, tous les jours, pendant plusieurs semaines? Et qui pourvoirait à notre subsistance, quand tous nos moments, en cette saison de pénurie, suffisaient à peine à nous l'assurer?

Décidément ce plan était impraticable; c'était une chimère, conçue dans un instant d'illusion : il fallait y renoncer.

Notre retour fut morne. Notre confiance dans les choses et dans les hommes était amoindrie. Si aucun navire ne venait à notre secours! Si nous étions destinés à rester ici, oubliés de tous, longtemps, toujours, jusqu'à ce que la famine ou le désespoir eussent raison de cinq malheureux qui se sentaient tous les jours moins de force et de courage pour la lutte!

CHAPITRE XVII

MES EXPÉRIENCES D'APPRENTI CORDONNIER. CONJECTURES DÉSESPÉRANTES. — RETOUR DE LA BELLE SAISON. NOS ÉTUDES GÉOGRAPHIQUES.

Quel que fût l'état de nos esprits, de nouveaux besoins, se produisant sans cesse, provoquaient l'activité de nos facultés comme celle de nos bras, et ce fut, je l'ai déjà dit, notre salut.

C'est dans le cours de ce même mois de novembre que s'acheva enfin l'opération du tannage, commencée quatre mois auparavant. Les peaux, saturées de tanin, avaient pris une couleur rougeâtre; par suite de la réaction qu'elles avaient subie, elles s'étaient un peu crispées; un réseau de rides s'entre-croisant en tous sens s'était dessiné sur la surface.

Nous avions hâte d'en faire usage pour remplacer les mocassins de peau verdâtre et flasque, répandant une odeur désagréable, que depuis longtemps nos compagnons étaient réduits à porter, et auxquels j'allais être aussi forcé d'avoir recours, chaussure incommode qui ne protégeait que bien imparfaitement les pieds contre l'humidité et contre les aspérités d'un sol toujours rocailleux.

Les peaux furent sorties du bain où elles trempaient et laissées pendant quelque temps sur un tronc d'arbre pour s'égoutter. Avant qu'elles fussent tout à fait sèches, nous les portâmes dans la chaumière, où la chaleur les assouplit un peu et nous permit de les étendre sur les murs au moyen de petites chevilles de bois. Quelques jours après, elles étaient sèches, les plus grosses rides avaient disparu : elles nous fournirent un cuir excellent.

L'ambition croît avec le succès. Celui que nous venions d'obtenir dépassait tellement nos espérances, qu'il me suggéra l'idée de faire, non plus des mocassins, mais de véritables souliers.

Pour cela il fallait des outils; nous n'en avions pas; notre premier soin fut donc d'en fabriquer. Avec une aiguille à voiles emmanchée dans un morceau de bois de fer, sur lequel on pouvait frapper sans qu'il éclatât, nous fîmes un poinçon ; il devait nous servir à percer la semelle pour y introduire les chevillettes de bois destinées à l'assujettir aux pièces de dessus.

Pendant plusieurs soirées nous fûmes tous employés à la fabrication de ces chevillettes. Je m'étais procuré parmi les épaves du *Grafton* un bout de planche de sapin de Norvège, dur, rougeâtre, résineux, à fibres droites et régulières, facile à fendre. Avec la petite scie de mon couteau de poche, je la divisai en un grand nombre de morceaux d'un pouce de longueur, et tandis qu'Alick, à l'aide de son couteau à gaine, fendait ces petits morceaux de bois, d'abord dans un sens, puis dans l'autre, en éclats d'une ligne d'épaisseur comme s'il eût voulu faire des allumettes, nos camarades achevaient les chevilles en les taillant, à un de leurs bouts, en pointe quadrangulaire, comme le sommet d'un obélisque.

Quand je leur eus fourni assez d'ouvrage, et tandis qu'ils étaient en train de le façonner, je me mis à essayer de confectionner une paire de formes. Je pris pour cet usage un bois blanc qui croissait dans l'île (une des trois essences dont j'ai parlé), le choisissant de préférence sur des arbres morts depuis peu, afin de l'avoir en même temps à peu près sec et facile à travailler.

La fabrication de ces formes me coûta beaucoup de peine. Je commençai par en gâter deux paires; ce fut seulement à la troisième tentative que je réussis : je le crus du moins; l'expérience me montra plus tard que je m'étais trompé.

Je songeai ensuite à me procurer du fil et de la poix. Je rendis visite à l'épave, d'où je rapportai du goudron sec, raclé avec mon couteau sur les flancs du vieux navire. J'y ajoutai un peu d'huile de lion de mer et je fis fondre tout ensemble : j'obtins une poix fort satisfaisante. Pour le fil, je le composai avec des brins de toile à voile détissée, réunis en plusieurs doubles ; je terminai chaque aiguillée par un fort crin emprunté à une crinière de phoque : je donnai ainsi à son extrémité une finesse et une rigidité qui devaient me faciliter l'opération de la couture.

Comme le poinçon que je m'étais fait pour percer la semelle était de calibre un peu fort, j'en confectionnai un second, plus fin, avec une autre aiguille à voiles dont je diminuai l'épaisseur sur la meule à repasser. Ce dernier me servirait pour coudre les différentes pièces de l'empeigne.

Quand tous mes préparatifs furent faits, je me mis à l'œuvre, je commençai ma première paire de souliers.

Au bout d'une semaine de travail j'avais produit ce qu'un apprenti savetier de village pourrait faire accepter à un bûcheron pour une paire de chaussures de fatigue. Encore faudrait-il que le bûcheron eût une dose de naïveté peu commune. J'avoue que néanmoins mon œuvre ne laissa pas de me causer une vive satisfaction.

Hélas ! elle s'évanouit bientôt. Quand il s'agit de retirer les formes, je ne pus en venir à bout, elles résistèrent à mes efforts. Elles étaient fixées à la semelle par une grande partie des chevilles de bois qui s'y étaient implantées de la façon la plus tenace. En outre, l'ouverture des souliers était trop étroite pour leur permettre de passer. Il fallut donc me décider à fendre le dessus de l'empeigne. Enfin, à force de taper et de tirer, ce qui compromit la solidité de mon ouvrage, je parvins à les extraire.

Instruit par l'expérience, je fis en sorte d'éviter désormais cet inconvénient. Je m'avisai de scier ma forme en deux morceaux, de façon à retirer d'abord le talon, puis la partie antérieure. C'était un progrès, mais insuffisant. Il fallait trouver le moyen d'empêcher la forme, ainsi divisée, de se déplacer, de remuer dans le soulier. J'y réussis en pratiquant sur le dessus des deux parties une profonde rainure longitudinale, dans laquelle j'introduisis une petite pièce de bois qui s'y adaptait exactement. Quand je mettais cette pièce, elles étaient assujetties et faisaient corps ensemble ; quand je l'ôtais, elles redevenaient indépendantes l'une de l'autre. Une lanière passée dans un trou de vrille sur chacune d'elles me donna la facilité de les saisir et de les retirer. Quant à empêcher la semelle d'adhérer à la forme, rien n'était plus aisé. Nous n'eûmes qu'à tailler nos chevilles plus court.

Grâce à ces perfectionnements successifs, j'arrivai à avoir aux pieds une excellente paire de souliers. Mes compagnons ne tardèrent pas à suivre mon exemple, et bientôt nous fûmes tous les cinq chaussés à neuf.

Je n'irai pas jusqu'à prétendre que nos chaussures eussent pu figurer avantageusement parmi l'élégant étalage de nos premiers cordonniers de Paris; mais pour nous l'élégance n'était pas le problème à résoudre. Nous avions fait à nos pieds un solide rempart contre l'humidité, le froid et contre les dures aspérités des rochers : notre but était pleinement atteint.

J'ai dit que nous avions aussi tanné quelques peaux de jeunes phoques, plus minces et que nous n'avions pas dépouillées de leur poil. Nous nous en fîmes des habits pour remplacer les nôtres, qui, malgré les pièces que nous ne cessions d'y mettre, étaient si usés, que le moindre frottement contre un arbre, ou le poids d'un fardeau, ou même le vent, quand il soufflait avec force, les faisait tomber en lambeaux.

Bientôt les deux matelots et le cuisinier ne furent plus vêtus que de peaux de phoque, de la tête aux pieds. Musgrave et moi, nous nous contentâmes de nous tailler chacun un paletot, que nous mettions par-dessus nos autres habits quand il pleuvait.

Cependant les jours se passaient, et le navire que nous attendions ne paraissait pas. Selon nos calculs, il aurait dû partir de Sydney au commencement d'octobre, aussitôt après les mauvais temps de l'équinoxe de septembre. Nous ne pouvions nous empêcher de former les conjectures les plus alarmantes pour nous et les plus fâcheuses pour l'honneur de nos associés. Auraient-ils oublié l'engagement qu'ils avaient pris solennellement à notre égard, et que la probité la plus élémentaire, à défaut de l'amitié, leur faisait une loi de tenir? Ou bien s'étaient-ils trouvés dans l'impossibilité d'exécuter leur promesse, et le gouvernement de la Nouvelle-Galles, auquel ils avaient

Je commençai ma première paire de souliers.

dû s'adresser, avait-il, au mépris de l'humanité, refusé de faire droit à leur demande?

Musgrave était celui de nous qui supportait le plus impatiemment ces cruelles appréhensions. « S'il ne s'agissait que de moi! m'a-t-il dit plus de cent fois. Mais ma femme, mes enfants, dont je suis le seul soutien, sont victimes de mon malheur. Chaque jour de retard aggrave leurs souffrances et les confirme dans la douloureuse conviction de ma mort et de leur abandon. » Par moments, son exaspération devenait telle que son esprit s'égarait et se jetait dans les résolutions les plus folles. Il déclarait qu'il voulait à tout prix quitter l'île, qu'il s'embarquerait tout seul sur le canot et retournerait en Australie. Et comme je lui faisais observer qu'une pareille tentative ne serait autre chose qu'un suicide : « Eh bien, s'écriait-il, qu'importe, puisque nous sommes destinés à mourir ici? mieux vaut en finir tout de suite. Et quand même, à quoi bon vivre? Ici, à quoi sert ma vie? »

Cependant des conjectures moins décourageantes, émises par l'un de nous, réussissaient parfois à nous rassurer et à rendre l'espoir à Musgrave lui-même. Ne se pouvait-il pas qu'on nous eût envoyé un navire, mais que pendant le trajet il eût éprouvé des avaries? Dans ce cas, il avait dû relâcher dans quelque port, à la Nouvelle-Zélande peut-être.... Alors pourquoi nous désespérer? Ce n'était qu'un retard de quelques jours, de quelques semaines tout au plus.

Une circonstance heureuse nous engageait à la patience : les lions de mer revenaient. Un matin (au commencement de novembre) nous avions vu une bande de ces animaux — une vingtaine de femelles — prendre leurs ébats dans la baie, en face d'Epigwait, puis continuer sa route vers l'île Huit.

La semaine suivante, de nouvelles troupes plus nombreuses, et dans lesquelles se trouvaient des mâles, vinrent peupler les eaux du port de Carnley et particulièrement le Bras du nord. Outre que leur retour était pour nous une garantie contre la famine, il était aussi ce qu'est pour nos pays d'Europe l'arrivée des hirondelles : l'annonce de l'été.

En effet, avec le mois de décembre, les beaux jours (relativement aux autres, il est permis de les appeler ainsi) reparurent enfin. Les pluies et les tempêtes étaient moins fréquentes. Les brouillards, moins épais, nous permettaient de voir plus souvent le ciel bleu et le soleil. Seulement il se passait quelquefois un singulier phénomène : la température, assez douce, se refroidissait subitement; le thermomètre tombait à zéro, puis il remontait et reprenait son niveau avec la même rapidité. Ces soudaines variations atmosphériques sont dues à d'énormes glaçons qui, au commencement de l'été, se détachent des banquises du pôle sud. Poussés par les vents et par les courants, ces glaçons passent quelquefois dans le voisinage des Auckland.

Si nous avions le bonheur de retourner un jour parmi les hommes, il ne fallait pas que notre séjour aux Auckland fût simplement une aventure personnelle et restât sans profit pour la science. Nous nous fîmes un devoir de profiter du beau temps pour prendre quelques observations solaires et lunaires, afin de préciser, autant que possible, la position géographique du groupe. Mais l'horizon naturel, borné par les montagnes de la baie, n'a pu nous servir à cet effet, et nous avons pris le parti de nous faire un horizon artificiel avec du goudron liquide versé dans une assiette, qui nous offrait un réflecteur excellent, bien supérieur à l'eau, que le vent ridait et faisait vaciller. En prenant la moyenne d'une série d'observations qui ne variaient que fort peu entre elles, nous avons obtenu pour résultat : latitude sud, 50° 53' 30"; longitude est du méridien de Paris, 165° 55' 21".

Le plan du port de Carnley, dont nous avons entrepris de faire le relevé, a été poursuivi et presque achevé. Pour déterminer les positions relatives des différents points de la côte intérieure, nous avons employé, comme je l'ai dit, un système de triangulation fait au moyen de la boussole.

Le contour de la côte extérieure, qui me manquait pour terminer ma carte, m'a été fourni plus tard par le capitaine Norman, commandant de la corvette à vapeur la *Victoria*, et par ses officiers, qui en firent le tracé lors de leur voyage aux Auckland. J'aurai à parler de cette expédition.

Les observations qu'ils m'ont communiquées concernant la situation du port de Carnley correspondent presque exactement (à deux milles près) avec les nôtres. Elles s'accordent également avec celles qu'a faites sir James Clark Ross, à Port-Ross, en 1840. D'après ces nouvelles études, le groupe des Auckland est à cinquante milles plus à l'ouest que ne l'indiquent Laurie dans sa carte publiée en 1853, Norie dans son *Épitomé de Navigation* et Findlay dans son *Pilote de l'océan Pacifique*.

CHAPITRE XVIII

PROJET DE DÉLIVRANCE. — CONFECTION D'UN SOUFFLET DE FORGE.
DÉVOUEMENT DE CHACUN A L'ŒUVRE COMMUNE.

Nous voici au 25 décembre, jour de Noël, jour de sainte réjouissance pour tous les chrétiens, de bonheur intime pour toutes les familles.

Aucune journée n'a été pour moi plus difficile à passer, plus remplie d'impressions poignantes. Il m'a été impossible de me mettre à aucun travail, de fixer mon esprit dans la réalité. Ma pensée s'échappait toujours et s'en allait là-bas, au delà des mers, dans ma patrie. Toutes les scènes dont cette grande fête est l'occasion se présentaient avec une netteté extraordinaire devant mes yeux.

Je voyais les rues pleines d'une foule animée; les cloches sonnaient à toute volée; des églises sortaient des chants sacrés mêlés aux accords de l'orgue; le tout formait un concert joyeux et solennel à la fois, dont je m'obstinais à écouter la confuse harmonie; j'en souffrais pourtant, car je sentais que moi je n'en faisais pas partie, que j'en étais séparé par un abîme infranchissable.

Puis, le soir venu, le silence se faisait dehors; les rues étaient désertes, toutes les fenêtres des maisons s'éclairaient. Dans chaque intérieur, la table était dressée, éblouissante de lumière, et toute la famille, depuis l'aïeul jusqu'aux petits-fils, se pressait autour. De gais propos se croisaient, entremêlés d'éclats de rire; la joie s'épanouissait sur tous les visages.

Mais tout à coup ces séduisantes images s'évanouissaient pour faire place à un autre tableau, bien triste, bien navrant, celui-là. Dans une petite chambre, triste, silencieuse, deux personnes étaient assises l'une à côté de l'autre, près d'un foyer qu'elles avaient laissé s'éteindre : c'étaient mon père et ma mère. Leurs cheveux étaient blancs, leurs traits flétris, ils portaient des habits de deuil. Pour eux il n'y avait pas de joyeux Noël, point de repas de famille. La tête baissée, ils ne se parlaient pas, ils pleuraient... ils pleuraient leur fils qu'ils croyaient mort.

Pour m'arracher enfin à ces douloureuses visions, je secouai la torpeur qui pesait sur moi. Je me levai du banc où j'étais assis depuis plusieurs heures, les coudes sur les genoux, la tête dans les mains, et je regardais autour de moi. Mes compagnons étaient affaissés par terre près de leurs lits, muets, la physionomie empreinte d'une profonde tristesse. Évidemment ils étaient en proie aux mêmes regrets amers, au même désespoir que moi.

Je considérai quelques instants ce spectacle, puis, en moins de temps qu'il n'en faut pour le raconter, je sentis s'opérer en moi une révolution complète ; à l'abattement succéda une sorte d'exaltation ; mon cœur, soulevé par un transport de fierté, mêlée d'indignation et presque de colère, se mit à battre avec force ; d'une voix ferme, vibrante, je m'écriai :

« Non, cela ne peut durer ainsi ; c'est insensé, c'est lâche ! A quoi servent nos lamentations et nos désespoirs ? Puisque les hommes nous abandonnent, c'est à nous de nous sauver nous-mêmes. Il est impossible qu'avec de la bonne volonté, de l'énergie et de la persévérance, nous ne venions pas à bout de nous tirer d'ici. Nous devons le pouvoir ; nous devons, en tout cas, le tenter. Courage donc, et à l'œuvre ! »

Mes camarades levèrent la tête et me regardèrent avec surprise, mais mon exhortation ne produisit pas sur eux beaucoup d'effet ; mon enthousiasme ne les échauffa pas. Ils me demandèrent ce que je voulais dire.

Je leur exposai alors l'idée qui venait de se présenter à mon esprit, et qui, tandis que je parlais, avait pris chez moi la consistance d'un projet arrêté.

« Je veux dire, repris-je, que, puisque notre canot est trop petit et trop frêle pour nous permettre une longue traversée, il nous faut construire une embarcation plus grande et plus forte sur laquelle nous quitterons cette île et gagnerons la Nouvelle-Zélande. »

Malgré l'ascendant que j'avais pu prendre sur mes compagnons et la confiance qu'ils avaient en moi, confiance due au succès qui depuis notre naufrage avait presque toujours suivi mes entreprises, ils ne firent pas à ma proposition l'accueil auquel je m'attendais. Les uns pâlirent et se turent devant l'effrayante perspective de s'aventurer sur une mer incessamment bouleversée par la tempête ; les autres objectèrent les insurmontables difficultés qui, selon eux, s'opposaient à l'exécution d'une pareille entreprise.

Je n'insistai pas, mais je me promis de me mettre à l'œuvre, tout seul, sans tarder, pensant qu'un commencement de réussite serait l'argument le plus puissant pour convaincre mes compagnons.

Le lendemain, mon plan était fait. Pour construire une barque, il fallait d'abord nous munir d'un outillage suffisant (car nous ne possédions, comme je l'ai dit, qu'un marteau, une hache à demi usée, une vrille et une vieille erminette à peu près hors de service), et, pour fabriquer de nouveaux outils, je ne pouvais me passer d'une forge. C'est donc de l'établissement d'une forge, c'est-à-dire d'un foyer, d'une enclume et d'un soufflet que je devais avant tout m'occuper. Le soufflet était l'instrument le plus compliqué et de beaucoup le plus difficile à confectionner : je commençai par là.

J'allai de bonne heure rendre visite au *Grafton*, ou du moins à ce qui restait de la pauvre goélette : les brisants en avaient détruit les hautes-œuvres ; ils n'avaient laissé que la coque entr'ouverte, mais encore solidement fixée entre les rochers. Avec une pince j'en détachai quelques feuilles de cuivre, une assez grande quantité de clous à large tête et plusieurs planches, déjà ébranlées par les vagues. Une sensation de froid qu'au milieu de l'ardeur du travail j'éprouvai à la poitrine, m'avertit que la marée montait et qu'il était temps de regagner le rivage ; je me retirai, emportant mon précieux butin.

Je n'employai pas moins de huit jours à construire une machine qui eût la tournure et surtout qui remplît l'office d'un soufflet de forge. Cette machine se composait de trois panneaux de bois, demi-circulaires d'un côté et taillés en pointe de l'autre. Ils étaient faits de planches étroites reliées les unes aux autres par des traverses que fixaient des chevilles de bois. La petite scie de mon couteau de poche m'avait servi à tailler les planches, et la vrille à percer les trous dans lesquels s'enfonçaient les chevilles. Les jointures étaient calfeutrées avec de l'étoupe provenant de débris de cordages.

De ces trois panneaux, celui qui devait occuper le milieu était le plus long et se terminait par un tube en cuivre diminuant de diamètre à partir de la base jusqu'à l'extrémité. J'avais fait ce tube en roulant une feuille de cuivre sur la barre de fer qui me servait de pince, et j'en avais joint les bords en les doublant deux fois sur eux-mêmes à la manière des ferblantiers. J'en avais ensuite enchâssé la base dans deux petites pièces de bois creusées intérieurement, qui, rapprochées, formaient une sorte de virole et que je fixai avec des chevilles sur l'extrémité de mon panneau.

Les deux autres panneaux, un peu moins longs que le premier, furent rattachés à celui-ci, par leur côté pointu, au moyen de deux charnières en cuir de phoque. De cette façon, ils étaient mobiles, ils pouvaient s'élever et s'abaisser à volonté sur la pièce centrale, qui, elle, resterait immobile, lorsque le soufflet serait posé à demeure entre deux poteaux en arrière du foyer. Au milieu de deux panneaux, celui de dessous et celui du milieu, j'avais pratiqué deux trous ronds auxquels j'adaptai deux soupapes de cuir, destinées à s'ouvrir pour l'introduction et à se refermer pour le refoulement de l'air.

Enfin je terminai l'instrument en l'entourant sur les côtés d'une peau de phoque convenablement taillée et clouée sur la tranche de chacun des trois panneaux.

Au commencement de la semaine suivante, je présentais à mes compagnons un véritable soufflet de forge à deux compartiments, c'est-à-dire à double action, capable de fournir un jet d'air continu, et dont la puissance, lorsque nous en fîmes l'essai, dépassa toutes mes prévisions.

Ainsi que je l'avais espéré, ce résultat visible et palpable fut plus éloquent que toutes les raisons que j'aurais pu faire valoir pour con-

Alick remplissait ses fonctions de charbonnier. (Voir p. 217.)

vaincre mes camarades. En face de ce premier succès, leurs doutes s'évanouirent, l'espérance rentra dans leurs cœurs. Je profitai de ce bon moment pour demander qui voulait m'aider. Un cri unanime me répondit ; tous s'offrirent pour travailler à l'œuvre commune ; tous avaient hâte de réparer le temps que leur incrédulité et leurs hésitations avaient fait perdre.

Dès lors, l'ordre de nos occupations dut être changé. Un surcroît de travail s'imposant à nous, il fallut diviser la besogne, et chacun de nous en prit sa part proportionnée à ses forces et à ses aptitudes.

Le lecteur se rappelle que, lorsque nous bâtîmes notre maison, il nous restait encore quelques provisions, sauvées du naufrage. Elles nous permirent de nous appliquer à ce travail sans avoir trop à nous occuper de faire la chasse aux lions de mer. Mais depuis, c'était seulement grâce à tous nos efforts réunis que nous avions pu nous procurer les moyens de vivre. Maintenant, si nous voulions mener à bonne fin notre entreprise, il fallait que deux d'entre nous se chargeassent à eux seuls de pourvoir aux besoins de tous. Cette tâche fut bravement acceptée par George et Harry, les deux plus jeunes d'entre nous. C'est sur eux seuls que retomba le dur labeur de la chasse, de la pêche, ainsi que la cuisine, la lessive, l'entretien des vêtements et le soin du ménage. Travail énorme, écrasant, qu'ils soutinrent pendant les sept mois que dura la construction de la barque avec un courage, avec un dévouement qui ne se démentit pas un seul instant. Excepté dans deux ou trois occasions où, leur chasse ayant été infructueuse, nous dûmes leur prêter main-forte, ils suffirent à une besogne qui jusqu'alors nous avait occupés tous les cinq.

Alick, notre Norvégien, ne fut pas mieux partagé. Il devait fournir du charbon de bois à la forge, qui en consomma une très grande quantité. C'était une occupation pénible, qui exigeait une vigilance continuelle, la nuit comme le jour. Il avait d'abord à couper du bois, à former un bûcher de six à huit mètres cubes, puis à revêtir ce bûcher d'une couche de tourbe, à mettre le feu au centre de la pile et à surveiller la combustion. Il y avait ici une grande difficulté à surmonter. Si l'on faisait la couche de tourbe trop épaisse (et nous n'avions pas d'autre terre à notre disposition), la chaleur en dégageait une grande quantité de vapeur d'eau, qui la ramollissait, la délayait en boue : elle formait alors une enveloppe compacte, hermétique, que l'air ne pouvait percer, et le feu s'éteignait. Il fallait donc que la couche de tourbe fût mince ; mais alors elle se desséchait bientôt, se crevassait, et le vent, s'engouffrant par les fissures, activait trop la combustion, enflammait le brasier : le lendemain, au lieu de charbon, nous trouvions des cendres. Il n'y avait qu'un moyen d'obvier à cet inconvénient, c'était de surveiller sans cesse l'état de la croûte de tourbe, et, dès qu'il s'y faisait des gerçures, de les boucher immédiatement avec quelques pelletées de tourbe nouvelle.

Telle était la rude corvée qui échut au pauvre Alick : travailler tout le jour, et, tandis que les autres se reposaient, ne dormir que d'un œil, se lever vingt fois la nuit. Il s'en acquitta pourtant jusqu'au bout sans jamais se plaindre. Une pareille abnégation est au-dessus de tout éloge.

Quant à Musgrave, il devait m'aider à la construction de la barque ainsi qu'aux travaux de la forge.

Nous commençâmes par bâtir, lui et moi, à côté de la chaumière, un hangar couvert avec des feuilles de cuivre, empruntées aux flancs de la goélette. Sous cet abri nous installâmes notre soufflet de forge et, devant lui, un large foyer en maçonnerie, dont la plate-forme fut faite avec les briques que nous avions trouvées à Camp-Cove.

Il ne me manquait plus qu'une enclume. Je songeai d'abord à me servir d'une pierre plate, comme je l'avais fait souvent en Australie, quand, m'étant avancé dans l'intérieur, loin de tout endroit habité, j'avais dû réparer moi-même mes outils ébréchés ou brisés par les travaux des mines. Mais les pierres se cassent facilement et la nécessité de les remplacer souvent nous eût beaucoup retardés. J'eus encore une fois recours au *Grafton*, notre inépuisable ressource, et parmi les quinze tonneaux de ferraille que renfermait la cale, j'eus le bonheur de trouver un morceau de fer long de quarante centimètres, large et épais de dix, uni sur ses quatre faces. Je n'eus qu'à l'enchâsser solidement dans un gros billot de bois pour avoir une excellente enclume.

CHAPITRE XIX

FABRICATION DE NOTRE OUTILLAGE. — ADOPTION D'UN NOUVEAU PLAN.

Le 16 janvier, dès le matin, notre forge fonctionna pour la première fois. Le charbon s'embrasait en pétillant, et le soufflet, manœuvré par Musgrave, faisait entendre un ronflement sonore qui était pour nous la plus agréable musique du monde.

Je m'appliquai d'abord à façonner une paire de pinces plates, en forme de ciseaux, pour tenir et retourner sur l'enclume les morceaux de fer rougis que j'aurais à forger. Mais que de peine je me donnai avant de réussir cet instrument! Je m'y repris à plus de vingt fois. « Courage! me dit Musgrave, qui voyait mon air consterné. Notre salut dépend de votre persévérance. Essayez encore; je suis sûr du succès. »

Je fis chauffer deux nouveaux morceaux de fer; c'étaient deux vieux boulons tout rongés par la rouille. Je tâchai cette fois d'éviter les fautes commises dans mes précédentes tentatives; au bout d'une heure de travail acharné, j'avais terminé une paire de pinces qui laissait peu de chose à désirer. « Bravo! s'écria gaîment Musgrave, la victoire est à nous! Vous voici maître forgeron. A l'œuvre! battons le fer pendant qu'il est chaud! » Vaincu par la fatigue et par l'émotion, je laissai tomber mon marteau et je m'appuyai contre un des piliers du hangar; je n'ai pas honte de le dire, des larmes de joie coulaient de mes yeux.

Peu à peu je devins plus expert, et avant la fin du mois j'avais achevé trois paires de pinces de différentes dimensions, trois poinçons, un moule pour faire des clous, une paire de tenailles, un ciseau à froid pour couper le fer, un gros marteau pour le battre, deux autres plus petits pour le forger et une quantité de menus objets dont je prévoyais que j'aurais besoin.

Durant la première semaine de février, instruit par l'expérience, j'expédiai plus d'ouvrage que je n'en avais fait dans toute la quinzaine précédente. Avec les pics que nous avions apportés pour miner et dont la pointe était en acier, je fabriquai plusieurs ciseaux et gouges de charpente. Dans la lame d'une pelle, d'une excellente trempe, je taillai les fers d'une varlope. J'employai le reste de la lame à former le bord tranchant d'une hache et de deux hachettes.

Un cercle de barrique, tendu dans un cadre de bois, devint une scie, dont les dents, découpées avec un ciseau, furent ensuite affûtées; et avec une bande de cuivre fixée à angle droit sur une latte de bois je me fis une équerre. Sur une autre lame du même métal, longue d'environ un mètre, je traçai cent divisions à égale distance l'une de l'autre. Cet instrument devait me servir de mesure.

Pour compléter mon outillage, il ne me manquait plus qu'une tarière assez longue pour percer les grosses pièces de bois qui devaient faire partie des œuvres-mortes de la barque. J'avais presque terminé ce dernier outil, mais lorsqu'il fallut en tourner la pointe en spirale, de façon qu'elle pût mordre dans le bois, je n'y pus réussir. Je recommençai pendant deux jours entiers cette opération, mais inutilement; chaque fois je brûlais mon fer, et, au lieu d'achever mon ouvrage, je le détruisais.

Je dus m'avouer vaincu devant une difficulté qui défiait tous mes efforts, et renoncer à une œuvre impossible. On pense bien que ce ne fut pas sans un vif chagrin. Cet échec eut d'importantes conséquences, mais qui, comme on le verra plus tard, ne furent pas malheureuses. Il contribua à me faire modifier mon premier plan et adopter un autre projet dont je m'entretins longuement avec Musgrave et qui eut son approbation.

Je réunis mes autres compagnons et je leur fis part du résultat de

« A l'œuvre ! battons le fer pendant qu'il est chaud ! »

nos réflexions, sur lequel je les invitai à délibérer. Je leur fis observer que ma première proposition, sans être irréalisable, présentait cependant de nombreuses difficultés que, dans l'enthousiasme du premier moment, je n'avais pas moi-même assez envisagées ; que la construction d'une barque de dix à quinze tonneaux — nous ne pouvions songer à la faire plus petite — exigerait une énorme quantité de matériaux, tant en bois qu'en fer, que nous serions obligés de créer de toutes pièces avec une peine infinie, les planches du vieux *Grafton* n'ayant plus la solidité ni surtout la souplesse nécessaires, et les arbres de l'île se prêtant peu, par leur conformation, à nous en fournir de nouvelles ; que nous nous faisions à peine une idée du nombre de clous, de boulons, de chevilles, d'armatures de toute sorte qu'il nous faudrait fabriquer ; qu'enfin ce qui m'effrayait le plus, c'était le temps que demanderait un tel travail : je ne pouvais l'évaluer, dans les conditions où nous étions, à moins d'un an et demi, de deux ans peut-être.... Étions-nous sûrs de pouvoir vivre jusque-là, de résister aux privations, aux misères de toute nature que nous infligeraient un second et probablement un troisième hiver passés aux Auckland ?

Je m'empressai d'ajouter que je n'avais néanmoins nullement renoncé à notre projet de délivrance, que je proposais seulement, d'accord avec Musgrave, de le modifier de la manière suivante : nous nous servirions de notre petit canot, qui nous avait rendu tant de services et qui serait en état de nous en rendre de nouveaux quand nous l'aurions consolidé et agrandi ; nous le mettrions donc sur des chantiers, nous lui ajouterions une fausse quille, qui nous permettrait de l'allonger d'un mètre à l'arrière, puis nous exhausserions ses bords d'au moins un pied pour le rendre plus profond ; enfin nous le ponterions. Ce travail ne serait pas au-dessus de nos forces, et il me paraissait pouvoir se faire en quatre ou cinq mois. Notre nouveau projet avait un désavantage, j'étais le premier à en convenir et à le regretter : il nous faudrait abandonner l'idée séduisante de partir tous les cinq ensemble ; l'embarcation ne pourrait contenir tout au plus que trois d'entre nous. Mais en réalité était-ce là un désavantage, et cette combinaison n'était-elle même pas plus prudente ? Si ceux qui s'embarquaient devaient périr en mer — et l'on ne pouvait se dissimuler qu'ils y seraient fort exposés, — les autres du moins seraient épargnés et il leur resterait la chance d'être recueillis tôt ou tard par quelque navire. Si au contraire la traversée était heureuse, si on parvenait à atteindre la Nouvelle-Zélande ou quelque autre terre habitée, le premier soin de ceux qui auraient eu ce bonheur serait d'envoyer chercher leurs compagnons demeurés aux Auckland.

Mes camarades m'écoutèrent en silence. Ils paraissaient troublés, désappointés. Ils se taisaient. Enfin Harry prit la parole : « Je me doutais bien, dit-il d'un ton de tristesse amère, que ces beaux projets n'aboutiraient à rien. Quant à moi, j'aime mieux rester ici ; je ne m'embarquerai certainement pas sur votre coquille de noix. » Les deux autres, tout en paraissant regretter notre premier dessein, auquel ils s'étaient attachés, reconnurent que le second était plus praticable; Alick surtout s'y rallia franchement et déclara qu'il ne demandait pas mieux que de partir dès que le canot serait mis en état de prendre la mer. Ma proposition fut donc adoptée.

Dès le lendemain nous reprîmes notre travail avec zèle. George et Harry demeurèrent pourvoyeurs de la communauté ; Alick se remit à faire du charbon ; Musgrave et moi, nous continuâmes notre métier de charpentier et de forgeron.

Dans la matinée, nous conformant à notre nouveau plan, nous avons abattu quelques arbres, dont nous avons transporté les troncs sur le rivage. Après les avoir grossièrement aplanis avec la hache, nous les avons disposés sur le sol, parallèlement au rivage, à un pied de distance les uns des autres, comme les solives d'un plancher.

Nous avions établi notre chantier à la limite des grandes marées, indiquée sur la plage par une ligne de plantes marines desséchées, dans un endroit dont l'inclinaison devait permettre à la barque de glisser aisément jusqu'à la mer lorsqu'elle serait prête à être lancée.

Avec une des meilleures planches que nous avons pu trouver parmi les débris du *Grafton*, nous avons d'abord mis au canot une fausse quille, plus longue que l'ancienne, et solidement fixée par quatre boulons rivés à l'intérieur. Ensuite nous l'avons placé sur les chantiers, la proue tournée vers la baie, et nous lui avons donné une position horizontale au moyen de coins glissés entre sa quille et les solives, et qui augmentaient progressivement de grosseur à mesure qu'ils se rapprochaient de l'avant. Six étais, trois de chaque côté, soutenaient la coque et l'empêchaient de vaciller.

Comme nous achevions d'assujettir le dernier étai, George est venu nous rejoindre sur la plage et nous annoncer que le chronomètre marquait neuf heures. En effet, la nuit tombait, et, l'obscurité ne nous permettant pas de travailler dehors, nous avons quitté le chantier pour la forge, où, à la lueur rougeâtre du brasier, dont le soufflet activait la combustion, nous avons battu le fer pendant plusieurs heures.

A partir de ce moment, dans notre désir d'achever promptement notre travail afin de pouvoir nous embarquer avant les plus mauvais mois de l'hiver, nous redoublâmes d'activité. Levés à six heures du matin, nous nous mettions immédiatement à l'ouvrage, et, sauf les courtes interruptions causées par la nécessité de prendre nos repas, nous ne le quittions pas avant dix ou onze heures du soir. Tout le jour nous travaillions généralement à la charpente de l'embarcation ; dans la soirée, la forge nous occupait invariablement, car il fallait préparer les matériaux nécessaires pour le lendemain : clous, chevilles, boulons, etc. Quelquefois Harry ou George venaient remplacer Musgrave au soufflet et m'aider à battre le fer; pendant ce temps-là Musgrave confectionnait de nouvelles voiles avec la vieille toile du *Grafton*, ou apprêtait le gréement de la barque.

Ce travail de marin, qui le réintégrait dans ses goûts et dans ses aptitudes, était son triomphe. Il excellait à tailler et à coudre une voile. Mais quand il s'agissait de manier la hache ou la varlope, il était moins expert, et il lui arriva souvent, dans son rôle de charpentier, des déconvenues et des mortifications dont je ne pouvais m'empêcher de rire.

Je me rappelle qu'un jour je travaillais seul sous le hangar : j'étais occupé à forger une quantité de petits boulons pour fixer au canot les nouveaux membres que nous venions de façonner. Musgrave était resté au chantier, où, avec la vrille, il perçait les pièces de bois avant de les mettre en place. Tout à coup je le vis remonter le talus et se diriger de mon côté. Il marchait lentement, il avait le visage pâle comme un criminel qui vient de commettre un forfait, il tenait une de ses mains cachée derrière lui.

« Qu'y a-t-il? lui demandai-je vivement, effrayé de son air désespéré.

— Tout est perdu, me répondit-il d'une voix sinistre : j'ai cassé la vrille! » Et avançant la main, d'un geste tragique il me tendit l'instrument.

Quoique le souvenir de la tarière, dont je n'avais pu réussir la pointe, me revînt à l'esprit et ne fût pas de nature à m'égayer, un éclat de rire m'échappa.

J'eus beaucoup de peine à consoler mon pauvre ami, à alléger le poids des remords dont il accablait sa conscience. Je ne parvins à le réconcilier avec lui-même qu'en lui affirmant, après avoir examiné l'outil, que le mal était moins grand qu'il ne croyait.

En effet, l'extrême pointe de la vrille était seule cassée. A l'aide de la meule je vins à bout d'en faire une nouvelle.

CHAPITRE XX

ACHÈVEMENT ET LANCEMENT DE LA BARQUE. — LA SÉPARATION.

Vers la fin de mars nous avions ajouté une nouvelle charpente à l'arrière du canot. Une forte pièce de bois (l'étambot), reposant sur l'extrémité de la fausse quille, terminait la carène et s'élevait de deux pieds au-dessus de l'ancien bord. Il supportait une courte et épaisse traverse, contre laquelle devaient venir aboutir les planches du pont.

Quatre bandes de fer boulonnées, deux de chaque côté de la quille, reliaient en dessous cette nouvelle charpente à l'ancienne et donnaient, sur ce point, à la barque une solidité qui lui permettrait d'affronter le choc des vagues.

L'avant fut traité de la même manière. Une pièce de bois neuf, de deux pieds de hauteur, fut ajoutée au-dessus de l'étrave ou taille-mer. Elle était encadrée par deux longues bandes de fer; celles-ci, soudées ensemble à leur sommet, supportaient un anneau du même métal, dans lequel devait passer le beaupré; puis elles descendaient parallèlement de chaque côté de la proue jusqu'à la fausse quille, le long de laquelle elles continuaient à courir sur une assez grande longueur.

Il s'agit ensuite d'exhausser les bords du bateau; ce qui fut fait au moyen de vingt-quatre nouveaux membres, appliqués, douze de chaque côté, contre la quille et sur l'ancienne coque, qu'ils dépassaient d'une hauteur de deux pieds. Près de leur sommet ils soutenaient douze traverses, assujetties les unes aux autres par de petites pièces de bois en forme de coude, et sur lesquelles devait reposer le plancher du pont.

Il ne restait plus qu'à border l'embarcation.

Pendant plus de huit jours Musgrave parcourut, la hache à la main, le fourré du littoral, cherchant, parmi les petits pins de montagne qui y croissent, les plus propres à être convertis en planches. Les troncs droits, ayant au moins six pieds de longueur et six pouces de diamètre, étaient rares. Lorsqu'il en trouvait un dans ces conditions, il le coupait et l'apportait sur la plage, à côté du chantier, où j'avais établi notre scierie.

Chaque tronc était d'abord équarri, puis, suivant sa grosseur, scié en trois ou quatre planches épaisses d'un pouce et larges de cinq. Avec une scie comme la nôtre, coupant mal et s'usant vite, l'ouvrage marchait lentement. En outre les jours étaient devenus tellement courts, que nous ne pouvions guère travailler au chantier plus de sept ou huit heures sur vingt-quatre.

En revanche, les soirées étaient longues; nous les passions à la forge, à faire des clous. Ceux-ci demandaient plus de soin qu'on ne serait tenté de le croire. Ce n'étaient pas des clous ordinaires, ronds et terminés en pointe. Longs de trois pouces, ils étaient presque carrés du côté de la tête, puis diminuaient progressivement d'épaisseur jusqu'à l'extrémité opposée, qui était tranchante; ils ressemblaient à de petits coins minces et allongés. Comme nous les enfoncions en travers des fibres du bois, nous ne risquions jamais de le faire éclater. Cette disposition leur donnait en outre une grande ténacité.

Notre tâche était de cinquante clous par soirée. Nous ne nous couchions pas avant de les avoir faits; aussi le marteau ne cessait-il généralement de résonner sur l'enclume qu'à onze heures du soir. Quelquefois même il était minuit quand nous éteignions le feu et quittions la forge pour aller nous reposer.

Enfin, dans les premiers jours de mai, jugeant que nous avions une suffisante provision de matériaux, nous pûmes commencer le bordage de l'embarcation. Toutefois une précaution nous parut nécessaire : c'était de soumettre nos planches à l'action de la vapeur d'eau pour les assouplir, avant de les clouer sur les flancs du bateau. Une marmite remplie d'eau fut donc placée sur un fourneau construit avec des

Nous pûmes commencer le bordage de l'embarcation

pierres plates, et le tout fut recouvert par une futaille défoncée, à laquelle une peau de phoque retenue par un cercle de fer servait de couvercle. Toutes les planches furent successivement enfermées dans la futaille et plongées dans un bain de vapeur brûlante.

La barque ne fut entièrement bordée et pontée que vers le milieu du mois de juin.

La construction du gouvernail me donna peu de peine; ce fut l'affaire de deux jours de travail. Mais je dépensai beaucoup plus de temps à fabriquer et à poser les trois paires de charnières qui le fixèrent solidement à l'étambot tout en lui permettant d'obéir à la moindre impulsion.

Il fallait aussi calfeutrer les jointures des planches. Muni d'un maillet et d'un ciseau très mince, je les remplis d'étoupe, faite le soir à la veillée par Harry et George avec de vieux cordages. N'ayant pas de goudron, nous les recouvrîmes d'une couche d'un mastic composé de chaux et d'huile de phoque. Cette opération nous mena jusqu'à la fin de juin.

Il ne manquait plus à notre barque que la mâture et le gréement. Un morceau de pin de Norvège, qui avait servi de vergue à la grande voile de la goélette, nous fournit un excellent mât. Nous y ajoutâmes un beaupré. Quant au reste, ce fut l'affaire de Musgrave, qu'Alick, libéré de ses fonctions de charbonnier, put seconder.

De mon côté, je m'occupai de nous pourvoir d'une pompe, sans laquelle il y eût eu trop d'imprudence à nous aventurer en pleine mer. Par bonheur, je me rappelai que l'hiver précédent, dans une de nos excursions de chasse, j'avais remarqué sur le rivage, parmi d'autres épaves jetées là par les flots, quelque chose qui pouvait bien être une des vieilles pompes de bois du *Grafton*. Je ne me trompais pas. Je retrouvai la pompe à la même place. Elle était fort endommagée, mais comme elle avait dix pieds de longueur, j'en coupai un tronçon, d'un peu plus d'un mètre, dont il était possible de tirer parti. Je le dégrossis en enlevant avec la hache une couche de bois à l'extérieur, pour le rendre plus maniable; à sa base je mis une soupape; j'en plaçai une autre à l'extrémité d'un piston terminé par une tringle de fer à laquelle je fis une poignée en croix, et nous eûmes une très bonne pompe, que nous ajustâmes au bateau, un peu en arrière du mât.

Nous prîmes une autre précaution, qui pourra paraître au lecteur un luxe de prudence, mais qui — l'expérience l'a prouvé — était indispensable : je puis dire que nous lui devons la vie. Il y avait sur notre pont, entre la pompe et le gouvernail, trois petites écoutilles, ayant un peu plus d'un pied carré : nous clouâmes sur le rebord des espèces de fourreaux faits avec de la toile à voile. Nous pouvions ainsi introduire nos jambes dans ces ouvertures, où elles se trouvaient abritées, nous asseoir sur le rebord et relever les fourreaux jusque sous nos bras, qu'ils laissaient libres pour la manœuvre; ils étaient retenus par deux petites bandes de toile passant sur nos épaules comme des bretelles. Nous nous proposions par cette disposition un double but : nous attacher pour n'être pas emportés par les coups de mer et empêcher l'eau d'envahir l'intérieur de la barque.

En outre, comme nous aurions à changer de place de temps en temps, pour relever à la barre le timonier fatigué, et que cette évolution, la nuit, par une grosse mer, pourrait être dangereuse, nous avions planté tout autour du pont huit montants, hauts d'un pied et percés à leur sommet d'un trou dans lequel passait une forte corde, destinée à nous servir de rampe.

Nous n'avions pas négligé d'installer dans la cale un réservoir d'eau douce. C'était une moitié de futaille, logée entre quatre planches qui la maintenaient en place. Nous l'avions fermée avec un couvercle bien ajusté et cloué, afin que l'eau, dans les mouvements de la barque, ne pût se répandre. Une ouverture pratiquée au centre de ce couvercle et close par une petite trappe à charnière permettait l'introduction d'une tasse en fer-blanc.

Enfin la boussole du *Grafton* fut placée sur le pont, entre deux écoutilles, non loin du gouvernail.

Notre œuvre était achevée, et elle présentait au regard, du moins à celui de ses auteurs, un aspect assez imposant. C'était une barque pontée, longue de dix-sept pieds, large de six et profonde de trois. Sa capacité était de deux tonneaux et demi. Elle était pourvue de deux focs et d'une voile de chasse-marée, dans laquelle on pouvait prendre trois ris. Il s'agissait maintenant de la lancer.

Lancement de la barque.

Cette opération est toujours assez délicate et nous ne l'entreprenions pas sans un vif sentiment d'anxiété, car un accident pouvait renverser tous nos projets et anéantir en un instant le fruit de sept mois d'efforts, de labeurs incessants. Heureusement elle s'accomplit à notre entière satisfaction.

La veille du lancement, à marée basse, nous avions construit sur la plage, devant le chantier, une sorte de coulisse en planches; celles-ci étaient clouées sur de petites traverses que retenaient à leurs deux bouts des piquets enfoncés dans le gravier. La quille du bateau devait glisser sur cette coulisse et avancer ainsi sans choc jusqu'à ce qu'elle atteignît une eau assez profonde pour y flotter.

C'était le 22 juillet, à l'heure de la pleine mer. Le flot venait en clapotant baigner l'extrémité du chantier. La coulisse était entièrement submergée. Avec de forts leviers en bois nous avons commencé par soulever l'avant de l'embarcation afin de retirer les coins sur lesquels elle reposait, ainsi que les pieux qui calaient ses flancs. Puis, tenant à la main ces pieux, Musgrave et Harry se sont placés d'un côté, George et Alick de l'autre, pour la maintenir en équilibre, prêts au moindre faux mouvement, à l'étayer de nouveau, tandis que moi, posté à l'arrière, je lui imprimais de temps en temps, avec un levier, une légère impulsion.

C'est ainsi que lentement, pas à pas pour ainsi dire, elle entra dans l'élément liquide qui bientôt la souleva et la porta sur sa surface. Mais, légère et profonde, elle s'y balançait d'une manière indécise, menaçant à chaque instant de perdre l'équilibre et de se coucher sur le flanc. Il n'y avait pas un moment à perdre, il fallait vite lui donner du lest.

Dans cette prévision, nous avions entassé sur le bord de la mer une quantité de vieille ferraille. M'aidant du morceau de bois que j'avais à la main pour ne pas trop peser sur le bord du bateau, je grimpai sur le pont et descendis par une écoutille dans la cale. Aussitôt mes compagnons, entrant dans l'eau et faisant la chaîne, me passèrent du lest, que j'arrangeai contre la quille de l'avant à l'arrière.

Quand nous vîmes qu'il y en avait assez, environ un tonneau, nous le recouvrîmes de planches qui furent clouées contre les nouveaux membres de la charpente. De plus, entre ce plancher et les solives du pont, nous disposâmes de distance en distance des pièces de bois perpendiculaires. De cette façon, il était impossible que le lest se déplaçât. On verra plus loin combien cette précaution était indispensable.

Ainsi lestée, la barque s'enfonçait dans l'eau de plus de deux pieds et demi. On n'apercevait plus l'ancien canot, entièrement submergé : le nouveau bord était seul visible au-dessus de la ligne de flottaison, qu'il surpassait d'une hauteur de quarante centimètres.

Ce jour-là, nous laissâmes l'embarcation amarrée aux restes de la goélette, du côté de la terre, de façon qu'elle fût un peu protégée contre la houle; mais le lendemain, une forte brise de l'est s'étant élevée, nous saisîmes cette occasion pour l'essayer en allant croiser sur la baie. L'épreuve fut complètement satisfaisante, notre bateau était bon voilier.

Nous dûmes ensuite nous occuper activement de chasse, afin de nous munir d'une provision de chair de phoque et d'être prêts à partir aussitôt que le vent, qui était toujours à l'est, tournerait au sud.

Ce changement ne se fit pas longtemps attendre. Le 19 juillet, une brise du sud-ouest se mit à souffler. Le temps était clair, il faisait froid (nous étions au milieu de l'hiver). L'heure du départ avait sonné; nous allions nous séparer de deux de nos compagnons, de George et de Harry, qui depuis dix-neuf mois avaient partagé jour par jour nos luttes et nos souffrances, avec qui nous avions vécu en frères. Nous étions tous profondément émus.

Réunis une dernière fois tous les cinq dans la maisonnette, nous avons prié Dieu ensemble; nous avons imploré son secours pour ceux qui allaient, sur une fragile nacelle, affronter une mer pleine de tempêtes et pour ceux qui restaient sur ce rocher, seuls désormais pour lutter contre la misère et le chagrin.

Un instant après, nous nous embrassions sur la plage, et Musgrave, Alick et moi nous mettions à la voile.

Un instant après, nous nous embrassions sur la plage.

CHAPITRE XXI

TOURMENTE ET FAMINE. — TERRE! — DÉBARQUEMENT A PORT-ADVENTURE. TRANSPORT A INVERCARGILL.

Vers onze heures du matin nous étions entre les deux promontoires qui forment l'entrée du port de Carnley. Dès que nous l'eûmes franchie, une brise froide, aigre, venant directement des glaces du pôle, gonfla la voile de notre barque, qui se mit à voler comme une mouette sur les grandes vagues du Pacifique.

Côtoyant la terre, nous arrivions au nord du groupe à trois heures de l'après-midi et dépassions sans accident la ligne de récifs qui forme en cet endroit une barrière assez dangereuse à traverser. Au delà de ce point, tenant compte des courants qui, dans ces mers, tendent à vous pousser vers l'est, nous avons mis le cap au N.-N.-O., bien que la Nouvelle-Zélande fût située directement au nord de notre position actuelle.

Nous filions six nœuds à l'heure. Le vent était bon ; nous savions qu'en cette saison il ne pouvait manquer de devenir plus fort, mais nous espérions arriver auparavant à destination. La distance que nous avions à franchir était d'environ trois cent milles (cent lieues); avec une bonne brise, nous devions faire cette traversée en cinquante heures, soixante au plus.

Notre barque, bien petite, bien frêle pour tenter un pareil voyage, se comportait vaillamment. Nous l'avions nommée *Rescousse*, et elle justifiait son nom. Elle prenait bien par les jointures un peu plus d'eau qu'il n'eût été désirable, ce qui obligeait l'un de nous à pomper presque continuellement, tandis que les deux autres étaient occupés à tenir la barre ou à faire la manœuvre, mais d'ailleurs elle faisait preuve de qualités qui nous donnaient confiance.

Malheureusement le temps se gâta vers le soir; le vent augmenta et bientôt prit les proportions d'un ouragan. La surface de la mer se couvrit de vagues énormes; elles nous enlevaient sur leur vaste dos pour se dérober ensuite sous nous et nous plonger dans leurs abîmes mouvants. Notre course n'était plus qu'une suite d'ascensions et de descentes à donner le vertige. Bien que nous fussions tous marins, nous ressentîmes les atteintes du mal de mer, ce mal insupportable qui déprime tout notre être, qui dissout toutes les forces. Il nous fut impossible de songer à prendre de la nourriture; nous nous bornâmes à avaler quelques gorgées d'eau.

La nuit vint; les rafales, de plus en plus fortes, amenèrent avec elles des averses de grêle et de neige qui empirèrent notre position. Nous eûmes à diminuer encore la voile, dans laquelle nous avions déjà pris deux ris.

La journée du lendemain ne fut pas meilleure. Toutefois, après trente heures de jeûne, nous voulûmes manger un peu, mais les morceaux de phoque rôti que nous avions emportés et qui étaient cuits depuis plusieurs jours avaient été mouillés dans les sacs de toile qui les contenaient, et s'étaient gâtés au point que nous ne pûmes y toucher et qu'il fallut les jeter à la mer.

Vers six heures du soir, la mer était devenue trop dangereuse pour nous permettre de continuer à fuir plus longtemps vent arrière. Les lames, devenues monstrueuses, déferlaient autour de nous avec un bruit terrible et nous éclaboussaient de leur écume phosphorescente; nous dûmes mettre à la cape afin de les recevoir autant que possible sur l'avant de l'embarcation, qui autrement eût été exposée à être brisée.

Nous n'étions pas depuis une demi-heure dans cette situation, quand une lame, se dressant tout à coup au-dessus de nous, retomba sur l'esquif, l'enveloppa dans ses replis et le roula comme un bouchon, lui faisant faire plusieurs tours sur lui-même. Un triple cri

Une lame enveloppa l'esquif et le roula comme un bouchon.

d'angoisse retentit à travers le bruit des flots. Nous crûmes toucher à notre dernier moment. Nous aurions péri, en effet, si nous n'avions été attachés dans nos fourreaux de toile.

Le brisant passé, le poids du lest, qui n'avait pas bougé, ramena la quille vers le fond et fit reprendre au bateau sa position normale.

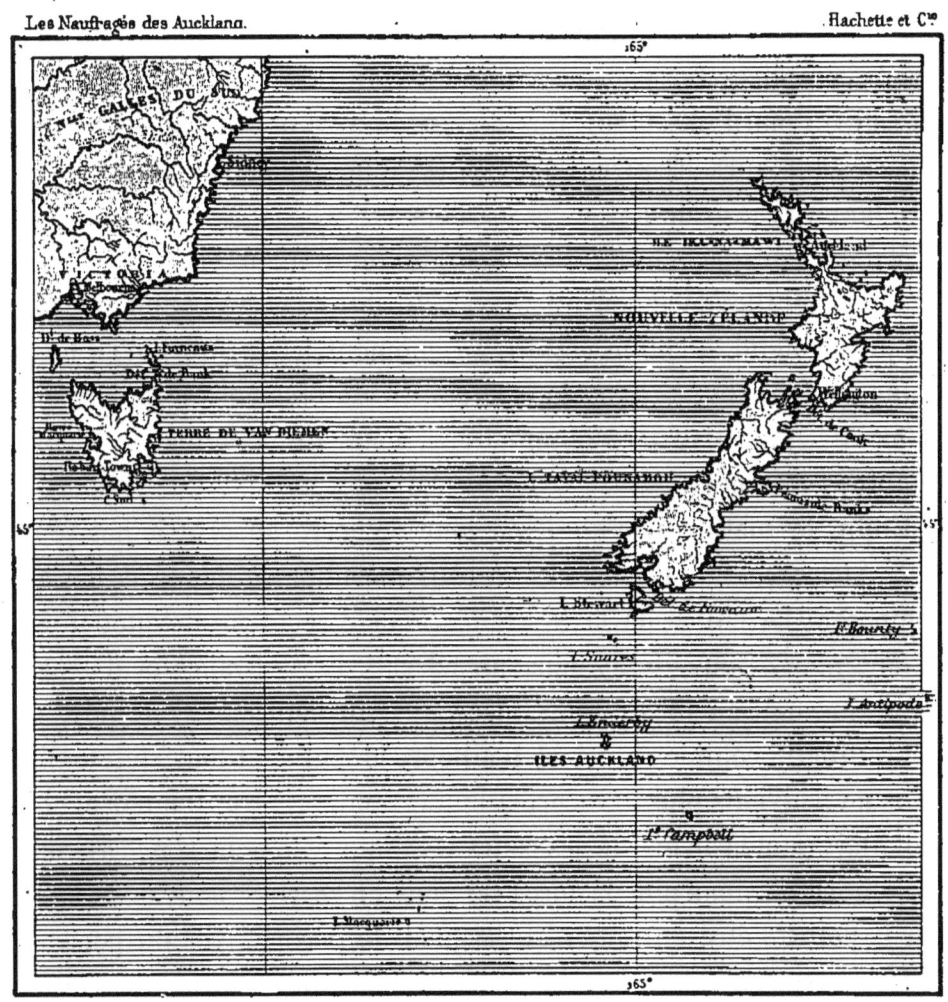

Nous étions à demi asphyxiés; mais bientôt, nous retrouvant dans l'air et respirant à pleins poumons, nous revînmes à nous.

Le 21, même temps, la tourmente continua. Entre deux rafales nous remettions à la voile et nous faisions un peu de chemin. La nuit fut terrible; entre dix et onze heures nous fûmes, comme la veille, saisis et roulés par la vague, mais cette fois à deux reprises différentes, dans l'espace d'une demi-heure.

Le quatrième jour ne mit pas encore un terme à nos maux. Il ne nous arriva pas de nouvel accident, mais nous étions dans un état déplorable, mouillés par l'eau de mer qui avait traversé nos habits et dont l'action corrosive se faisait douloureusement sentir, transis de froid, rompus de fatigue, car nous n'avions pas fermé l'œil un seul instant, et surtout épuisés par le manque de nourriture, l'eau que nous buvions ne faisant que tromper notre faim. Un de nos plus cruels supplices fut, peut-être, d'interroger incessamment l'horizon, du côté du nord, d'y plonger nos regards avec une fiévreuse anxiété, espérant toujours découvrir la terre, et de ne jamais voir que l'océan, étendant à l'infini devant nous ses flots agités.

Malgré tout, je n'avais pas cessé de tenir mon journal. J'avais quelques feuilles de papier pliées en petit format et un bout de crayon. Le jour, quand la pluie cessait un moment, et la nuit, à la lueur d'une lampe allumée dans la cale et qui fut plusieurs fois renversée et éteinte, je notais mes observations, l'état du temps et le chemin que nous avions fait.

Enfin, le matin du cinquième jour, la terre apparut à nos yeux. L'île *Stewart*, la plus petite et la plus méridionale des trois îles qui composent l'archipel de la Nouvelle-Zélande, était à quelques milles devant nous. Nous étions dans un tel état de souffrance et d'abattement que tout au plus éprouvâmes-nous un mouvement de joie, rapide et fugitif comme un éclair. D'ailleurs le vent était tout à fait tombé, nous ne pouvions plus avancer, et la mer, toujours très houleuse, nous ballottait çà et là au gré de ses courants. Nous avions bien nos avirons, mais nous n'avions plus la force de nous en servir : nous nous vîmes sur le point d'être entraînés au large et de périr en vue du port.

Heureusement, vers le soir, il s'éleva une légère brise, venant du sud; aussitôt nous déployâmes toute notre toile et nous approchâmes de la côte, mais l'obscurité ne nous permit pas d'y aborder et nous dûmes passer encore cette nuit, la cinquième, sur la mer.

Au jour, nous réunîmes tous nos efforts pour larguer de nouveau la voile, et à onze heures du matin nous entrions dans *Port-Adventure*. C'était le 24 juillet 1865.

Nous ne vîmes d'abord autour de nous que des rivages déserts;

nul indice de la présence de l'homme. La houle qui entrait dans le port et qui refluait violemment après s'être brisée sur la plage nous obligeait à louvoyer; nous n'avancions que lentement et avec la plus grande difficulté : nos mains étaient gonflées et crevassées par le double effet de l'eau salée et du froid, nous ne pouvions saisir les cordages sans éprouver des douleurs aiguës; nous étions d'ailleurs trop exténués pour continuer la manœuvre. Encore quelques heures et nous n'avions plus qu'à nous coucher sur le pont de la barque et à attendre la mort.

Enfin, au tournant d'une pointe, une petite anse bordée de huttes et de jardins s'offrit à nos regards. Cette vue, tant souhaitée, eut le pouvoir de nous arracher un faible cri de joie.

C'était vraiment un tableau ravissant, l'idéal de la vie tranquille et heureuse. Sur la plage un blanc se promenait; un gros terre-neuve, qu'il caressait de temps en temps, marchait à ses côtés. Sur le seuil d'une des huttes, un groupe de Maoris (naturels de la Nouvelle-Zélande), dans des attitudes variées, causaient en gesticulant. Quelques femmes de couleur brune, suivies de leurs marmots, étendaient des filets sur une palissade pour les faire sécher.

Comme nous contemplions cette scène avec enchantement, tout à coup le chien nous aperçut et se mit à aboyer. L'homme blanc tourna la tête de notre côté et il fit un geste d'étonnement à la vue de notre barque et des espèces de fantômes qui la montaient. Il accourut sur le bord de la mer, à l'endroit vers lequel nous nous dirigions; les naturels, hommes, femmes et enfants, le suivirent.

Encore quelques instants et nous abordons. On entoure notre bateau. La fébrile énergie qui nous a soutenus dans cette lutte désespérée nous abandonne. Alick s'évanouit. Musgrave et moi, nous avons à peine la force de murmurer quelques réponses aux questions qui nous sont adressées.

On nous aide à sortir de la barque, on nous soutient sous les bras, car nos jambes refusent de nous porter, on nous conduit à la demeure de l'Européen, située à une centaine de pas du rivage. Nous marchons en silence, mais pour ma part une immense joie, une reconnaissance profonde, inondent mon cœur.

Nous arrivons, nous traversons un petit jardin au centre duquel se trouve la maison de notre hôte. Derrière on aperçoit un vaste enclos entouré d'une palissade et dans lequel croissent quelques arbres fruitiers, jeunes encore ; sur les côtés, et au milieu, des légumes, principalement des pommes de terre. Tout ici respire la paix, l'aisance, le bonheur. La vue seule de ce bien-être nous réconforte, nous régénère.

Je n'oublierai jamais l'excellent accueil que nous avons reçu dans cette aimable maison. M. Cross, tandis que sa femme, avec un touchant empressement, s'occupait de nous faire chauffer un bain d'eau douce, nous a interrogés sur nos aventures et s'est lui-même, en peu de mots, fait connaître à nous : Anglais de naissance et marin de profession, il était le seul blanc qui habitât Port-Adventure. Il avait épousé une jeune femme du pays, douce et affable, qui déjà lui avait donné trois beaux enfants. Après son mariage il avait cessé de naviguer et s'était fixé dans cet endroit, où il vivait heureux. Il s'occupait de la culture de son champ, surtout à l'époque des semailles et à celle de la récolte ; ses voisins et amis les Maoris, lorsqu'ils n'avaient pas à travailler pour leur propre compte, venaient l'aider, et recevaient en retour de la poudre, du rhum, du tabac ou autres denrées de ce genre. Mais le reste de l'année, ayant beaucoup de temps de libre et voulant l'utiliser, il se livrait à la pêche. Il possédait un petit cutter d'environ quinze à seize tonneaux, qu'il avait nommé *Flying Scud* et sur lequel il allait pêcher d'excellentes huîtres et différentes espèces de poissons, très abondantes sur les côtes de l'île Stewart ; puis il allait les vendre, avec ses autres produits, à *Invercargill*, ville située à l'extrémité méridionale de l'île centrale du groupe de la Nouvelle-Zélande, de l'autre côté du détroit de Faveaux, à environ quarante milles de Port-Adventure.

Tandis qu'après le bain nous revêtions, à notre vive satisfaction, des habits secs et propres que notre hôte nous avait prêtés, à la place de nos misérables hardes saturées d'eau de mer, raidies par le sel qui s'y était cristallisé, Mme Cross préparait un repas qui nous était destiné et dont la délicieuse odeur éveillait en nous un appétit féroce. Au bout de quelques instants, nous prenions place autour d'une table sur

On nous aide à sortir de la barque, on nous soutient sous les bras.

laquelle elle avait servi des côtelettes de porc cuites à la hâte dans la poêle, un plat de poisson, une pyramide de pommes de terre fumantes, dont la peau crevassée laissait voir la chair jaune et farineuse, et du pain, du pain tout chaud qui sortait du four! Quels regards de convoitise nous jetions sur ce splendide festin! Il me semblait, pour ma part, que j'allais tout dévorer. Je me trompais. Notre estomac, affaibli par un long jeûne, se sentit bien vite rassasié, et, malgré les chaleureuses exhortations de notre bonne hôtesse, nous dûmes nous contenter de quelques bouchées. A peine les eûmes-nous prises, qu'un sommeil profond, irrésistible, s'empara de nous.

Je ne me réveillai qu'au bout de vingt-quatre heures. Où étais-je? A travers la douce somnolence dans laquelle je me complus quelques moments, je me sentais balancé comme sur le sein des vagues. J'ouvris les yeux; en regardant autour de moi, je reconnus l'intérieur d'un bâtiment et crus à la continuation d'un rêve. Mes compagnons encore endormis étaient étendus à mes côtés sur un matelas. Décidément je ne rêvais pas.

Rappelant mes idées un peu confuses, je me levai, et, tandis que je cherchais une issue pour sortir de l'endroit où j'étais, mes camarades se réveillèrent à leur tour. Aussi surpris que moi de se trouver en pareil lieu, ils se levèrent précipitamment et m'accompagnèrent sur le pont, où nous eûmes bientôt l'explication de ce mystère.

Nous étions à bord du *Flying Scud*, qui, toutes voiles dehors, venait d'entrer dans le détroit de Faveaux. La *Rescousse*, attachée par un câble, suivait le cutter. Un jeune Maori tenait la barre, et M. Cross se promenait de long en large sur le pont du petit bâtiment.

Aussitôt qu'il nous eut aperçus, notre hôte vint à nous et s'informa amicalement de notre santé. Je lui avouai que, pour ma part, je ne me sentais d'autre mal que celui de la faim, et que j'étais encore plus pressé de satisfaire mon appétit que ma curiosité. « Le cas est prévu, nous dit-il, venez. » Et il nous fit descendre dans la cabine, où il eut bientôt étalé sur la table de copieuses provisions, préparées par sa femme à notre intention avant notre départ.

Après ce repas, auquel cette fois nous fîmes honneur, non pourtant sans nous modérer encore un peu, nous rejoignîmes notre hôte sur le pont. « Maintenant, nous dit-il, je vais vous expliquer comment vous êtes ici, ce qui, j'en conviens, doit fort vous surprendre. J'ai cru, dans votre intérêt, devoir vous conduire à Invercargill, où vous trouverez les soins médicaux qui vous sont indispensables et qui vous manqueraient absolument à Port-Adventure, et où vous serez à même de prendre les mesures nécessaires pour la délivrance de vos deux compagnons laissés aux Auckland. J'étais moi-même obligé de me rendre aujourd'hui dans cette ville, où mes affaires me retiendront plusieurs jours ; sans quoi, je n'aurais pas ainsi précipité ce voyage. J'aurais voulu attendre votre réveil et vous consulter, mais il nous fallait absolument partir de grand matin pour arriver à l'embouchure de *New River* au moment de la marée haute, à cause de la barre que nous avons à franchir. Je vous ai donc, avec l'aide de quelques indigènes, transportés tout endormis à bord de mon cutter, ce qui d'ailleurs n'a nullement troublé votre sommeil, — un joli sommeil, par parenthèse, et dont je vous fais compliment. J'espère que vous me pardonnerez le sans-façon de mon procédé en faveur de l'intention. »

Nous remerciâmes l'excellent homme, qui nous avait traités avec trop de bonté pour que nous pussions le soupçonner d'être pressé de se débarrasser de nous, et dont la conduite, d'ailleurs, secondait parfaitement nos vues.

Bientôt le cutter eut traversé le détroit de Faveaux et se disposa à entrer dans New River. Il y avait à l'entrée une ligne de brisants qui dénotait un passage dangereux. Bien que l'heure de la pleine mer fût passée depuis assez longtemps, M. Cross voulut le franchir, plutôt que d'attendre au lendemain, et se mit à la barre pour diriger lui-même les mouvements du cutter. Tout à coup le *Flying Scud* donna un coup de talon ; il avait touché le fond du sable. Au même instant, une lame qui déferlait le mit presque en travers et faillit le faire chavirer. Heureusement il avait une bonne voie, et avant l'arrivée de la seconde lame il avait franchi l'obstacle.

Il n'en fut pas de même de la pauvre *Rescousse*. Le choc avait brisé le câble qui l'attachait au cutter ; emportée par le courant, elle alla se jeter sur les rochers, où les brisants la mirent en pièces. Ainsi fut détruite sous nos yeux, en quelques instants, l'œuvre qui nous avait coûté tant de peine et à laquelle nous devions notre délivrance. Nul ne s'étonnera que je n'aie pu assister à ce spectacle sans verser des larmes.

Nous continuâmes à remonter la rivière, et, une heure plus tard, nous touchions au débarcadère d'Invercargill.

CHAPITRE XXII

MUSGRAVE RETOURNE AUX AUCKLAND ET RAMÈNE NOS DEUX COMPAGNONS.
RÉCIT DE SON VOYAGE. — LE CADAVRE DE PORT-ROSS.

Notre histoire ne tarda pas à se répandre dans toute la ville, et aussitôt qu'elle fut connue, un grand nombre d'habitants vinrent nous voir et nous témoigner leur sympathie. C'était à qui nous offrirait ses services. Nous acceptâmes l'hospitalité chez M. Collyer, un des notables de l'endroit, qui nous fit préparer trois chambres dans sa maison. Le docteur Innes se rendit auprès de nous, et, sans vouloir accepter d'autre rémunération que nos remerciements, nous prodigua les soins les plus assidus.

La maladie que j'avais faite au commencement de notre voyage et qui faillit me coûter la vie à l'île Campbell m'avait laissé les jambes un peu enflées. Depuis cette époque, et surtout durant les derniers mois de notre séjour aux Auckland, les divers travaux dont j'avais eu à m'occuper, particulièrement ceux de la forge, m'obligeant à rester presque toujours debout, n'avaient pas contribué à les guérir. Enfin les cinq jours et cinq nuits que nous venions de passer dans le bateau, mouillés, glacés, réduits à une immobilité presque complète, avaient encore empiré le mal. A peine pouvais-je faire quelques pas en m'appuyant sur un bâton.

Musgrave et Alick, qui étaient d'une constitution très robuste et qui avaient moins souffert, n'eurent besoin que d'un peu de repos pour recouvrer leurs forces.

Le lendemain de notre arrivée à Invercargill, Musgrave se rendit auprès des officiers représentant le gouvernement de la province pour leur faire, suivant la loi maritime, sa déclaration en forme sur le naufrage du *Grafton*, et en même temps leur demander d'envoyer un prompt secours à nos deux compagnons restés aux Auckland.

Nous n'avions pas le moindre doute sur le succès de cette démarche. Nous nous trompions. On refusa de faire droit à la requête de Musgrave. Il lui fut répondu que le gouvernement n'était pas à même, dans le moment, d'envoyer un navire, qu'on aviserait plus tard, dès qu'on le pourrait. Plus tard! et, en attendant, nos malheureux camarades seraient peut-être en proie aux tourments de la faim; ils compteraient les jours, les heures, et le désespoir s'emparerait d'eux. Plus tard il ne serait plus temps!

Alors un des notables de la ville, M. Mac-Pherson, d'origine écossaise, sûr que ses généreux sentiments trouveraient de l'écho dans le cœur de ses concitoyens, assembla un *meeting*, où une souscription fut immédiatement ouverte. Dès le lendemain on avait recueilli une somme suffisante pour couvrir les frais d'une expédition aux Auckland.

Malheureusement il n'y avait, pour le moment, d'autres navires dans la rivière que le *Flying Scud* et quelques cutters de pêcheurs, moins grands et moins bons que lui. On attendait bien plusieurs goélettes, mais, quand elles seraient arrivées, il leur faudrait encore le temps de décharger leur cargaison avant d'entreprendre un autre voyage,... et comment se résoudre à de tels retards?

Il fut donc décidé par le comité qu'avait élu le *meeting* et après une délibération à laquelle nous fûmes appelés à prendre part, que le *Flying Scud*, malgré son tonnage trop faible pour la grosse mer qu'il aurait à traverser, mais en considération de sa solidité et de ses excellentes qualités de voilier, serait armé et expédié aux Auckland. Aussitôt il fut approvisionné pour deux mois, non seulement de vivres, mais encore de vêtements, de couvertures de laine, de médicaments, de tout ce qui fut jugé nécessaire.

M. Cross était un marin pratique, sachant parfaitement manœuvrer son cutter et se tirer d'affaire tant qu'il ne perdait pas la côte de vue, mais incapable — il était le premier à le reconnaître — de s'aventurer au large. Il fallait donc absolument lui adjoindre un officier expérimenté. Ceci souleva une difficulté assez grave : il ne se trouvait personne qui pût remplir ce rôle. Personne, excepté Musgrave, qui fit preuve, en cette circonstance, d'un courage et d'un dévouement dont bien peu d'hommes seraient capables. A peine remis de ses fatigues, souffrant encore d'un abcès qu'il venait d'avoir au bras, il offrit de piloter lui-même le petit bâtiment et d'aller délivrer les deux captifs.

Obéissant à un sentiment d'humanité, ce noble cœur sut étouffer l'ardent désir qui le pressait de courir auprès de sa chère famille, et, à peine sorti des étreintes de la mort, il s'apprêtait à l'affronter de nouveau pour accomplir ce qu'il regardait comme un devoir sacré ! Tout autre mot que celui d'héroïsme serait indigne de qualifier une telle conduite, et c'est pour moi une joie profonde que d'avoir à l'employer ici.

Cinq jours après notre débarquement, je serrais la main de mon ami, et, pénétré d'une émotion que j'avais peine à contenir, je le voyais repartir pour les Auckland sur le petit *Flying Scud*, au milieu des acclamations d'une foule enthousiaste qui l'avait accompagné et qui encombrait le rivage.

Deux semaines, trois semaines s'écoulent. Soutenu d'un côté par Alick, qui me donne le bras, et de l'autre m'appuyant sur ma canne, tous les jours je vais passer la plus grande partie de la journée sur le débarcadère, où, à l'aide d'une longue-vue, nous examinons chaque point blanc qui paraît à l'horizon, dans l'espoir de reconnaître le *Flying Scud*, et chaque soir nous rentrons plus tristes chez notre hôte, M. Collyer.

Un mois se passa ainsi, puis une nouvelle quinzaine, puis une semaine encore. Ce retard extraordinaire nous inspira les plus vives inquiétudes. Il y a eu beaucoup de mauvais temps : serait-il arrivé malheur au petit bâtiment et à nos braves amis ? Les habitants d'Invercargill partagent nos craintes ; ceux qui ont déployé le plus de zèle dans cette affaire regrettent amèrement d'avoir laissé Musgrave suivre son généreux élan. Plusieurs parlent déjà d'organiser une seconde expédition chargée de s'enquérir du sort de la première.

On a commencé à prendre les mesures nécessaires, quand un matin le sémaphore, situé sur une falaise à l'entrée de New River, signale l'apparition d'un cutter, il approche,... c'est le *Flying Scud*!

La bonne nouvelle se répand dans la ville. A la tristesse qui pesait sur tous les esprits succède une joie universelle, et la foule, comme au jour du départ, se porte en masse sur la grève pour voir arriver le petit navire et fêter par ses vivats le retour de notre courageux ami.

Le voici, il débarque; George et Harry sont avec lui !

Non, jamais, pour ma part, je n'oublierai l'immense joie que nous ressentîmes en nous retrouvant tous les cinq, sains et saufs, sur une terre hospitalière. Nous nous jetâmes avec transport dans les bras les uns des autres ; nous ne pouvions prononcer qu'un seul mot : sauvés, sauvés !

On voulut porter Musgrave en triomphe, mais, aussi modeste que brave, il s'y opposa énergiquement, et, accompagnés par un nombreux cortège, nous nous rendîmes à la demeure de M. Collyer, où il y eut une réunion le soir. Outre la famille de notre hôte, M. Cross et nous cinq, on avait invité un certain nombre de personnes distinguées d'Invercargill. Nous étions impatients d'apprendre de Musgrave les détails de son voyage ; il nous fit le récit suivant :

« Vous vous rappelez, nous dit-il, que nous mîmes à la voile par une brise favorable, soufflant du N.-O. ; mais à peine étions-nous en route, que le vent, tournant d'abord à l'ouest, puis au sud, nous devint tout à fait contraire. Force nous fut de relâcher à Port-Adventure, où nous fûmes retenus plus de huit jours.

« Nous pûmes enfin lever l'ancre et nous avancer rapidement jusqu'auprès du groupe des *Snares*, que déjà nous distinguions à l'horizon, quand une nouvelle bourrasque se déclara et nous obligea à revenir sur nos pas. Par suite d'une déviation de la boussole du *Flying Scud*, nous nous égarâmes. Au moment où nous aurions dû toucher à l'île Stewart, nous nous en trouvions éloignés de soixante milles. Le soleil ayant un instant laissé voir son disque à travers un nuage moins épais, je pus, à l'aide du sextant, déterminer à peu près notre situation ; je mis le cap à l'est et nous nous réfugiâmes dans *Paterson's Inlet*, longue nappe d'eau qui forme un bon port sur la côte orientale de l'île Stewart. Là je me pourvus d'une boussole, que voulut bien me prêter un M. Lawrie, Écossais d'origine, établi en cet endroit, où il construit et vend des bateaux aux pêcheurs des environs. J'y fis aussi la connaissance d'un homme intéressant, de Toby, Maori que ses compatriotes regardent comme leur chef et à qui ils attribuent la suzeraineté des îles Stewart et Roebuck. Ce sauvage à la peau cuivrée, à la taille d'athlète, est d'un caractère fort doux et fait preuve d'une intelligence remarquable. Il habite de préférence Roebuck, la plus petite de ses deux îles, parce qu'il se plaît dans la société des missionnaires, qui depuis plusieurs années y ont fondé un établissement, consistant dans un presbytère, une chapelle et une école. Quoiqu'il ait quarante-cinq ans, il a appris l'anglais et le parle assez facilement. Il a compris la supériorité de ces Européens et l'avantage qu'il y a pour lui et pour sa race à les traiter avec égards, à conserver au milieu des siens ce petit groupe d'hommes bons, paisibles, vertueux, instruits dans les arts et dans les sciences, représentants d'une civilisation dont la portée lui échappe, mais devant laquelle il s'incline avec une naïve admiration.

« Durant les cinq jours que nous passâmes à *Paterson's Inlet*, retenus par le mauvais temps, Toby, bien qu'habitué à vivre en barbare au milieu des forêts, recherchait notre compagnie. Il venait souvent nous voir à bord du cutter, ou bien le soir chez M. Lawrie. Il nous écoutait causer avec une attention soutenue; parfois il se mêlait à la conversation et j'étais frappé de la justesse de ses remarques, toujours exprimées dans un style imagé et pittoresque.

« Connaissant le but de mon voyage, il me donna quelques renseignements précieux. Il me dit qu'il était allé autrefois aux Snares pour faire la chasse aux phoques, et m'assurait qu'il existait sur la côte orientale de la plus grande de ces îles une petite anse où un navire de petites dimensions comme le nôtre trouverait, au besoin, un excellent abri. Si le mauvais temps nous surprenait de nouveau, nous aurions donc là, à moitié route, un port de refuge, ce qui nous dispenserait de retourner en arrière jusqu'à l'île Stewart.

« Quand le second coup de vent fut apaisé, nous fûmes encore contrariés tantôt par le calme plat, tantôt par des brises du sud. Enfin le vingtième jour après notre départ d'Invercargill, le vent, remontant

17

au nord, nous permit de cingler vers les Auckland. Le surlendemain, nous franchissions la ligne d'écueils qui borde le groupe au nord-est et nous nous dirigions, en longeant la côte, vers le port de Carnley. Dans ce trajet nous crûmes voir un léger nuage de fumée sur le flanc d'une montagne dominant les falaises du rivage. J'eus un moment la crainte que George et Harry, après avoir abandonné la chaumière, ne se fussent aventurés jusque-là, ce qui nous eût rendu difficile de les trouver. Mais peut-être nous trompions-nous. Ce que nous avions pris pour de la fumée pouvait être un reste de brouillard attaché à quelque escarpement de la montagne.

« Notre entrée dans la baie de Carnley fut une lutte acharnée contre le vent, une véritable lutte corps à corps qui ne dura pas moins de trois grandes heures. De fortes rafales, chargées de givre et de grêle fine, nous fouettaient en plein visage. Nous mîmes le cutter *au plus près*, et le *Flying-Scud* déploya de magnifiques qualités de voilier. Il cingla dans le vent avec une vélocité merveilleuse. Sa proue faisait jaillir des gerbes d'eau qui nous éclaboussaient et nous aveuglaient. Nous étions tous sur le pont, chacun à son poste ; je me tenais sur l'avant, prêt à donner l'ordre de virer de bord pour commencer une autre bordée. M. Cross était à la barre, et les deux matelots qui composaient notre équipage, les drisses en main, s'apprêtaient à abaisser les voiles au moment où un grain trop violent menacerait de casser le mât, qui ployait comme un roseau, ou de faire chavirer le cutter, qui, par instants, était presque couché sur le flanc. Enfin, épuisés de fatigue, nous atteignîmes Camp-Cove ; nous fûmes heureux de laisser tomber notre ancre dans les eaux tranquilles de la crique.

« Le lendemain matin, la bourrasque étant calmée, nous allâmes mouiller dans la baie du Naufrage, en face des restes du vieux *Grafton*. Ce fut seulement après avoir contourné la pointe Raynal que nous aperçûmes la chaumière. Un petit filet de fumée sortait du tuyau de la cheminée ; cette vue nous délivra de toutes nos craintes : nos camarades étaient vivants et ils n'avaient pas quitté Epigwait.

« Le petit canot du cutter fut mis à la mer : M. Cross et moi, nous y prîmes place et quelques coups de rames nous portèrent au rivage. Ce fut Harry qui nous aperçut le premier. Il leva les bras au ciel, jeta

« Harry nous aperçut le premier. »

un cri pour appeler son compagnon, et s'affaissa sur le sol, évanoui. George sortit de la chaumière, nous vit à son tour et courut à nous. « Mon cher capitaine, mon cher Musgrave, répétait-il, que je suis « heureux ! » Et il ne pouvait se lasser de me serrer les mains. Il avait les yeux pleins de larmes. Évidemment il se passait en lui une sorte de lutte entre son cœur et sa joie ; c'était à qui surmonterait l'autre, n'est-ce pas, George?

« Bientôt pourtant le brave garçon se remit et il m'aida à faire revenir Harry, dont l'évanouissement persistait, bien que M. Cross lui aspergeât le visage avec de l'eau douce qu'il était allé puiser au ruisseau voisin, dans son chapeau de toile cirée. Longtemps nos efforts furent infructueux ; enfin le pauvre Harry poussa un soupir, ouvrit les yeux et recouvra la parole. Il est resté faible pendant plusieurs jours à la suite de cette forte secousse.

« Quelques instants plus tard, nous étions tous à bord du cutter, en route pour Camp-Cove, où, une demi-heure après, nous étions tranquillement à l'ancre.

« C'était plaisir, je vous assure, de voir nos deux pauvres camarades, qui, pendant le trajet, avaient revêtu des habits neufs, attaquer à belles dents le biscuit et les pommes de terre que le cuisinier du cutter avait préparées pour le repas du soir. Quand ils furent rassasiés, on causa. Ils nous dirent qu'ils étaient aussi étonnés qu'heureux de nous revoir, qu'ils nous avaient crus perdus : aussitôt après notre départ sur la *Rescousse* il y avait eu un terrible coup de vent ; il était impossible, pensaient-ils, que nous n'eussions pas sombré. Quant à eux, ayant perdu tout espoir d'être secourus, ils avaient été très malheureux ; jamais ils n'avaient tant souffert ; leur esprit, troublé par le chagrin, leur suggérait les résolutions les plus extrêmes.... »

Ici George se leva tout à coup et interrompit Musgrave :

« Il ne vous dit pas tout, s'écria-t-il en rougissant jusqu'au blanc des yeux. Nous nous sommes disputés et un jour nous nous sommes battus. Nous voulions nous séparer et nous en aller vivre chacun de notre côté. Mais c'est de ma faute, je l'avoue, et j'ai le plus grand regret de ce qui s'est passé.

— Pas du tout; ce n'est pas exact, repartit aussitôt Harry en se levant à son tour et en allant serrer la main à son ami. J'étais en colère et c'est moi qui ai commencé. »

L'Anglais soutint qu'il était le seul coupable, le Portugais le nia et persista à s'accuser; nous vîmes le moment où ces deux grands enfants, aussi généreux l'un que l'autre, allaient recommencer une nouvelle dispute pour nous prouver que chacun d'eux avait eu le premier tort. Nous nous mîmes tous à rire, et, un peu confus, ils allèrent se rasseoir, laissant Musgrave continuer son récit :

« Pressés de retourner à Invercargill, dit-il, nous levâmes l'ancre le lendemain, quoique le temps ne fût pas des plus favorables. A l'approche de la nuit, le vent ayant fraîchi et le baromètre baissant, nous jugeâmes prudent de relâcher à *Port-Ross* ou *Sarah's-Bosom*. Je ne fus pas fâché d'avoir l'occasion de visiter cette baie. Longue et étroite, elle se dirige d'abord vers le sud, sur une longueur de sept à huit milles, puis elle tourne brusquement, à angle droit, vers l'ouest. C'est dans cette dernière partie, à laquelle le capitaine *Lawrie* a donné son nom, que nous mouillâmes.

« Le lendemain, nous avons exploré la côte et nous avons trouvé les restes de l'établissement fondé il y a dix-sept ans par MM. Enderby, de Londres, et abandonné deux ans après. Au milieu d'un taillis, non loin de la plage, on voit un certain nombre de huttes en bois, effondrées, branlantes. Chacune d'elles est au centre d'un petit terrain entouré d'une palissade en ruine et qui a dû être un jardin. Parmi les plantes parasites qui ont envahi le sol, on distingue quelques représentants de nos espèces potagères, dont la semence a été, je présume, apportée autrefois d'Europe par les colons. Ces pauvres plantes, sous un climat ingrat, ont complètement dégénéré; elles sont retournées à l'état sauvage; elles sont dures, coriaces, sans saveur; la pulpe succulente s'est convertie presque tout entière en fibres ligneuses.

« En parcourant ces ruines, nous sommes arrivés devant une hutte moins délabrée que les autres; le toit de chaume paraissait tombé depuis peu. A peine y fûmes-nous entrés, que nous reculâmes d'effroi ou plutôt d'horreur. Dans un coin de l'enceinte nous avions

« A peine y fûmes-nous entrés, que nous reculâmes d'effroi. »

aperçu un cadavre. C'est celui d'un homme, dont la mort devait remonter à quelques mois.

« Domptant un premier mouvement de répugnance, nous approchâmes. Le corps de ce malheureux était couché sur un lit de planches, provenant évidemment de la coque d'un navire; elles étaient posées sur quelques rondins et recouvertes d'une couche de mousse servant de matelas. Les bras étendus le long du corps et les doigts des mains restés allongés semblaient indiquer une mort paisible et comme résignée. L'une des jambes pendait un peu en dehors du lit, l'autre y reposait dans toute sa longueur. Le pied droit était chaussé d'un soulier; le gauche, probablement blessé, était enveloppé d'un bandage. Le costume était celui d'un matelot; en outre, plusieurs habits, dont un pardessus de toile cirée, étaient étalés sur le corps en guise de couvertures.

« Près du lit, par terre, on voyait un petit amas de coquilles de patelles, ces mollusques si communs que l'on trouve, à marée basse, collés sur les rochers. Tout à côté étaient placées deux bouteilles de verre, l'une encore pleine d'eau douce, l'autre vide.

« Enfin sur le lit même, à portée d'une des mains, nous trouvâmes une ardoise sur laquelle étaient écrites quelques lignes. Le clou qui avait servi à les tracer était dessus. Nous essayâmes de déchiffrer ces lignes, mais nous ne pûmes en venir à bout. Elles étaient effacées par les pluies et par le vent. D'ailleurs elles avaient dû être écrites par la main tremblante d'un mourant. Un seul mot était à peu près lisible : c'était le nom de *James*, faisant partie de la signature; l'autre, qui la complétait, répondait assez bien, par la forme et par le nombre des jambages, à celui de *Right*, mais on ne saurait l'affirmer. J'ai rapporté cette ardoise; je vous la montrerai.

« Comment ce cadavre se trouvait-il là? Nous ne pouvions résoudre la question que par des conjectures. Nous supposâmes qu'un bâtiment avait fait naufrage à Port-Ross ou dans les environs; ceci n'était pas douteux. Peut-être l'équipage, à l'exception d'un seul homme, avait-il été noyé : de là ces vêtements que le survivant avait recueillis et qu'il avait entassés sur lui pour se garantir du froid. Ou bien plusieurs naufragés avaient gagné le rivage et, ne trouvant pas à Port-Ross de quoi se nourrir, ils s'étaient avancés dans l'île : la fumée que nous avions aperçue sur la montagne pouvait bien être un indice de leur présence. L'un d'eux, blessé au pied, avait dû rester en arrière, tout seul ; il s'était installé dans une des huttes, dont le toit n'était pas encore écroulé ; incapable de faire la chasse aux lions de mer, il avait vécu quelque temps de coquillages et avait fini par mourir de faim.

« Ce pauvre corps abandonné nous inspirait une vive pitié. Nous faisions tout naturellement un retour sur nous-mêmes ; nous songions que le sort de ce malheureux matelot aurait pu être le nôtre. Nous n'avons pas voulu le laisser sans sépulture. Le lendemain, nous avons creusé une fosse et nous l'y avons enterré. Après avoir prononcé des prières sur sa tombe, nous y avons planté une croix de bois.

« Ensuite nous avons dressé en différents endroits des piles de bois vert, auxquelles nous avons mis le feu, dans l'espoir que les tourbillons de fumée qui s'en dégageraient attireraient l'attention des autres naufragés, s'il s'en trouvait dans les environs ; mais nous n'avons obtenu aucun résultat. Cependant je ne suis pas bien convaincu qu'il n'y a personne dans l'île ; nous n'avons pu faire de recherches suffisantes, et j'avoue que ce doute me tourmente. La pensée qu'il existe là-bas des malheureux qui souffrent ce que nous avons souffert me poursuit sans cesse.

« Enfin, le vent ayant tourné au sud, nous avons levé l'ancre, et le quarante-neuvième jour après notre départ d'Invercargill, secoués, comme vous l'avez vu, par une fort grosse mer, nous sommes entrés dans New River. »

CHAPITRE XXIII

DÉPART POUR SYDNEY. — RELACHE A PORT-CHALMERS. — EXPLICATION DU MYSTÉRE DE PORT-ROSS. — MON RETOUR EN FRANCE.

Dès le lendemain de son retour à Invercargill, Musgrave fit son rapport officiel au gouvernement de la province, qui cette fois crut devoir envoyer un navire pour explorer les Auckland. On télégraphia immédiatement à Otago l'ordre d'armer le vapeur *Southland*, qui se trouvait à l'ancre dans ce port. Mais cette expédition tarda tellement, qu'elle se laissa devancer, comme on le verra plus loin, par une autre, partie de Melbourne.

Dans la matinée, Musgrave m'emmena à bord du *Flying Scud*; il avait, disait-il, quelque chose à me montrer, une surprise à me faire. Je fus en effet surpris et enchanté de revoir mon soufflet de forge, que mon excellent ami avait pensé à me rapporter; il m'avait coûté tant d'efforts, et n'avait-il pas été, en grande partie, l'auteur de notre délivrance ? Nous le fîmes porter à terre. Tous les habitants d'Invercargill lui rendirent visite; jamais soufflet ne reçut tant d'honneurs.

Je n'avais plus qu'un seul désir, celui de revoir mon pays et ma famille, de me reposer, après tant d'aventures, tant de fatigues, parmi les miens. Justement la goélette *Sword-Fish*, appartenant à M. Mac-Pherson et commandée par le capitaine Rapp, d'origine hollandaise, venait de débarquer sa cargaison et se préparait à quitter Invercargill pour retourner à Melbourne. M. Mac-Pherson eut l'obligeance de nous offrir le passage sur son navire : nous nous empressâmes d'accepter, du moins Alick, Harry et moi, car George préféra rester à la Nouvelle-Zélande, dans l'intention de visiter de riches placers que l'on venait d'y découvrir. Quant à Musgrave, il opta pour un bateau à vapeur qui était en partance pour Melbourne dans le port du *Bluff*, voisin de New River, et dont le capitaine, un de ses anciens amis, le pressa de s'embarquer avec lui.

Je partis donc avec Harry et Alick, sur le *Sword-Fish*. La traversée, surtout au début, fut des plus malheureuses. Elle eût dû se faire en quinze jours : elle dura trois mois. Comme nous sortions du détroit de Faveaux, nous fûmes assaillis par un vent d'ouest très violent qui nous obligea à retourner sur nos pas et à nous réfugier à Port-William, situé au nord de l'île Stewart. Nous y fûmes retenus huit jours, Quand nous remîmes à la voile pour gagner le large, nous eûmes le même sort, il fallut de nouveau reculer devant l'ouragan. Les matelots croyaient la goélette ensorcelée ; ils parlaient de chercher le Jonas dont la présence à bord déchaînait la tempête et de s'en débarrasser, non en le jetant dans les flots, mais en le déposant à terre. Notre troisième tentative pour sortir du détroit fut encore plus désastreuse. Un coup de mer nous défonça deux écoutilles, inonda la cabine, jeta la goélette sur le flanc : elle aurait chaviré si je n'avais coupé à temps, avec mon couteau, l'écoute de la grande voile. Nous fûmes forcés d'aller nous faire réparer à Port-Chalmers, ce qui prit plus d'un mois.

Vers la fin de mon séjour dans ce port, j'eus la plus agréable des surprises. Un jour, nous vîmes arriver en rade la corvette à vapeur *Victoria* : Musgrave était à bord ! Voici par suite de quelles circonstances : Plus heureux que nous, il était arrivé à Melbourne en huit jours. Après avoir embrassé sa femme et ses enfants, qui, avertis de son arrivée, étaient venus de Sydney le rejoindre, il s'était empressé de déclarer aux agents du gouvernement la découverte qu'il avait faite de l'homme mort à Port-Ross et l'existence possible de naufragés vivants dans l'île. On avait immédiatement décidé d'envoyer aux Auckland la corvette coloniale à vapeur *Victoria*, commandée par le capitaine Norman, de la marine anglaise. Les colonies de la Nouvelle-Galles du Sud et de Brisbane voulurent contribuer à cette bonne œuvre en partageant les frais de l'expédition. La corvette devait aussi visiter les îles Campbell, Antipode et Bounty, afin de recueillir tous ceux qu'un désastre maritime y aurait jetés.

On proposa à Musgrave d'accompagner, en qualité de pilote, le capitaine Norman. Il n'avait, je l'ai dit, pour vivre et faire vivre les siens que sa profession de marin; en outre, il se sentait plus à même que qui que ce fût de remplir cette utile mission : il l'accepta.

Huit jours après son débarquement, il était donc reparti pour les Auckland, mais cette fois il avait sous les pieds un navire de premier ordre, commandé par d'excellents officiers, manœuvré par un nombreux équipage, et qui avait la double ressource des voiles et de la vapeur pour affronter les dangers de ce voyage. On était resté trois semaines à visiter avec la plus minutieuse attention les trois îles du groupe; et l'on n'avait rien découvert qui indiquât la présence de naufragés dans aucune d'elles. L'exploration des îles Campbell, Bounty et Antipode n'avait pas donné plus de résultats. Alors le capitaine Norman avait remis le cap sur Melbourne; mais, en passant, il s'était arrêté à Port-Chalmers pour renouveler sa provision de charbon.

Chose singulière, ce fut moi qui éclairai Musgrave sur la mystérieuse histoire du cadavre de Port-Ross. Le hasard venait de m'en fournir l'explication. L'avant-veille, la malle était arrivée d'Angleterre à Duneeden, capitale de la province Otago, voisine de Port-Chalmers. Je m'étais procuré un journal anglais, et, en le parcourant, j'étais tombé sur un article intitulé : RELATION DU NAUFRAGE DE L'*Invercauld* AUX ILES AUCKLAND PAR LE CAPITAINE DALGARNO. J'avais lu ce récit avec la plus vive émotion[1]. En voici la substance :

L'*Invercauld* était un bâtiment de 1100 tonneaux, ayant vingt-cinq hommes d'équipage, y compris le capitaine, M. Dalgarno, et le second. Il était parti de Melbourne le 21 février 1864 et se rendait à Valparaiso. Le 3 mars, à deux heures du matin, un coup de vent le jeta sur les récifs qui bordent la côte nord de l'île Auckland; il y fut mis en pièces. Dix-sept matelots, ainsi que les deux officiers, parvinrent à atteindre le rivage; six hommes furent trouvés morts parmi les rochers.

---

1. On trouvera à la fin du volume cette relation traduite en français.

Les naufragés, ayant gravi la falaise et descendu le versant opposé, gagnèrent le rivage de Port-Ross. Ils y demeurèrent quelques jours ; mais, n'y trouvant pas de quoi se nourrir, ils se divisèrent en plusieurs bandes qui se dispersèrent dans l'île. Le capitaine Dalgarno, qui était resté à Port-Ross avec son second et quatre matelots, ne revit plus aucun de ceux qui s'étaient éloignés. Il supposa qu'ils avaient péri, épuisés par la fatigue et par la faim.

Quant à lui et à ses cinq compagnons, ils vécurent pendant plusieurs mois de coquillages, de poisson, heureux quand ils rencontraient un lion de mer. Ils couchaient sous des troncs d'arbres comme des bêtes fauves. Ensuite, avec des peaux de phoque séchées et des branches d'arbres, ils construisirent une pirogue, passèrent le détroit et s'établirent dans l'île Enderby, où ils trouvèrent une quantité de lapins, importés sans doute autrefois par les colons, et qui leur fournirent les moyens de prolonger leur existence.

Cependant trois des matelots succombèrent et le capitaine n'eut plus que deux compagnons. Ils s'étaient fait une petite hutte de peaux de phoque, semblable à celles des Esquimaux. De temps en temps ils traversaient le détroit dans leur pirogue et retournaient à Port-Ross, dans l'espoir d'y trouver des lions de mer ou bien de découvrir quelque trace de leurs camarades disparus.

Douze mois se passèrent ainsi. Un jour, enfin, un brick espagnol, qui venait de la Chine et qui allait au Chili, entra dans la baie pour s'y abriter. Les trois naufragés, exténués, malades, furent recueillis et conduits à Valparaiso, d'où le capitaine Dalgarno retourna en Angleterre.

Je pus aisément conclure de ce récit que le malheureux James Right (tel était bien son nom, je m'en assurai en consultant les registres de la marine à Melbourne) était un de ceux qui s'étaient tout d'abord séparés du capitaine Dalgarno. Peu de temps après le départ de ce dernier sur le brick espagnol, il était sans doute revenu à la baie, espérant l'y retrouver ; il avait probablement vu ses autres compagnons mourir de misère dans quelque endroit écarté de l'île. Blessé au pied par suite d'extrême fatigue, ou dans une chute, incapable de pourvoir plus longtemps à ses besoins, désespéré de sa solitude, il s'était couché et avait attendu la mort, après avoir écrit sa triste histoire sur l'ardoise trouvée à ses côtés.

Ces déplorables événements s'étaient passés du mois de mars 1864 au même mois de 1865. Ainsi, tandis que nous étions sur la côte du port de Carnley, d'autres naufragés se trouvaient dans la partie septentrionale de l'île ! Si près les uns des autres, nous ignorions réciproquement notre présence, séparés que nous étions par des montagnes escarpées, enveloppées de brumes, infranchissables !

Et nous qui nous lamentions sur notre sort, relativement à ces malheureux nous étions favorisés. Nous avions pu vivre et nous avions été sauvés tous les cinq, tandis que, sur dix-neuf qu'ils étaient, seize avaient succombé à leurs souffrances, trois seulement avaient survécu !

Au bout d'une semaine, la *Victoria* repartit, et nous-mêmes nous quittâmes Port-Chalmers sur le *Sword-Fish*. Cette fois, la traversée fut heureuse et rapide. Nous arrivâmes à Melbourne quelques jours seulement après la corvette.

Encore faible et souffrant, je dus y séjourner pour me faire soigner. J'y retrouvai Musgrave, heureux au sein de sa famille. Il occupait dans les bureaux de la marine un emploi qui lui permettait de vivre en paix auprès des siens. J'ai appris depuis qu'ayant perdu son fils aîné, noyé dans les eaux de la baie, il avait quitté l'Australie et était allé rejoindre ses vieux parents en Amérique. Ils s'y livrent tous ensemble à la culture d'un vaste terrain situé près des sources du Missouri et qui a acquis une grande valeur, grâce à la proximité d'une de ces villes nouvelles dont le développement est si rapide dans ce merveilleux pays.

Alick continua à naviguer. Un mois après notre arrivée à Melbourne, il s'embarqua comme matelot sur un paquebot anglais et partit pour Liverpool.

Harry alla rejoindre un de ses oncles, qui s'était établi à deux cents milles de Sydney, dans l'intérieur des terres, pour élever des moutons. Il s'est fixé près de lui et l'aide dans ses occupations. Il a dit adieu à la mer, qui, à la vérité, ne lui avait pas été propice.

De George je n'ai plus eu aucunes nouvelles. J'ignore s'il est resté à la Nouvelle-Zélande et s'il a réussi dans son nouveau métier de chercheur d'or.

Quant à moi, lorsque j'eus recouvré mes forces, je quittai Melbourne, emportant le plus agréable souvenir des témoignages de bienveillance que, durant mon séjour dans cette ville, les habitants m'avaient prodigués. Ils avaient manifesté le désir de posséder mon soufflet de forge, dont je ne m'étais pas séparé ; je le leur donnai, ainsi qu'une paire de souliers en peau de phoque et quelques menus instruments fabriqués par moi aux Auckland. Ces modestes objets ont monté en grade : ils figurent maintenant, à titre de curiosités, au Musée de Melbourne.

Arrivé à Sydney, je me présentai chez nos associés. J'avais à leur égard non seulement un ressentiment personnel à satisfaire, mais un acte de justice à accomplir. Je leur reprochai en termes sévères la cruelle indifférence avec laquelle ils nous avaient abandonnés, le coupable oubli de leurs engagements. Ils ne manquèrent naturellement pas d'excuses à faire valoir : l'impossibilité où ils s'étaient trouvés, ayant fait de mauvaises affaires, de monter une seconde expédition ; l'insuccès de leurs démarches auprès du commodore Wiseman, qui commandait alors la station anglaise dans ces mers. Je sus qu'en effet ils s'étaient adressés à lui, mais seulement au bout de treize mois ; on leur avait répondu, avec plus de logique que d'humanité, que maintenant il était trop tard, que depuis longtemps nous ne devions plus être de ce monde.

Je dus attendre que la saison fût favorable pour franchir le cap Horn. Enfin, le 6 avril 1867, je partis de Sydney sur le *John Masterman* qui se rendait à Londres, et le 22 août, après une belle traversée, trop belle à mon gré et surtout trop longue, j'entrais dans la Tamise. Quelques jours après, le cœur débordant de joie, je débarquais en France, je foulais le sol natal.... Il y avait vingt ans que je l'avais quitté !

APPENDICE

APPENDICE

I

RELATION DU NAUFRAGE DE L' « INVERCAULD » AUX ILES AUCKLAND PAR LE CAPITAINE DALGARNO.

« Nous partîmes de Melbourne pour Valparaiso le 21 février 1864 sur l'*Invercauld*, navire de 1100 tonneaux. Notre équipage se composait de vingt-cinq personnes, y compris les officiers. Nous n'avions pas de passagers.

« Dans la soirée du 5 mars nous aperçûmes le groupe des Auckland, à environ vingt milles de distance. La brume qui, à la tombée de la nuit, s'épaississait de plus en plus dans le voisinage de la terre, nous avait empêchés de la voir plus tôt. Soudain la brise du N.-O. qui nous avait conduits jusque-là fut remplacée par un calme plat, toujours de mauvais augure dans ces régions. Il ne dura que quelques heures, pendant lesquelles nous fûmes à la merci des forts courants qui rendent l'approche de ces îles très dangereuse. Insensiblement ils nous amenèrent près de la terre.

« La baisse rapide du baromètre me donnait beaucoup d'inquiétude. Peu après le coucher du soleil, le ciel se chargea de nuages noirs et épais qui annonçaient du mauvais temps. Vers minuit il s'éleva tout à coup un vent violent venant de l'ouest, qui nous plaça dans une position très critique. Nous étions alors près de la côte, distante d'environ deux milles et bordée en cet endroit par d'immenses falaises, contre lesquelles les grandes lames du Pacifique se brisaient avec furie.

« Nous mîmes au navire autant de toile qu'il pouvait en porter; mais, malgré tous nos efforts, je vis bientôt qu'il était destiné à périr sur ces rochers. En effet, à deux heures du matin, un choc épouvantable amena les mâts par-dessus le bord. Le moment fatal était arrivé. L'*Invercauld* venait de toucher contre un récif peu éloigné d'une énorme falaise. Près de là se trouvait une petite anse où les rochers étaient moins élevés et qui attira toute notre attention. Il était inutile de songer à sauver le bâtiment, qui du reste fut bientôt mis en pièces par les brisants.

« Je gagnai à la nage le fond de la petite anse et me cramponnai aux rochers de toutes les forces qui me restaient. Quelques-uns des matelots arrivés avant moi m'aidèrent à sortir de cette dangereuse position et à atteindre le rivage. De moment en moment, quelque autre malheureux, secouru de la même manière, se joignait à nous; le jour venu, nous nous comptâmes : nous étions dix-neuf. Quelques-uns d'entre nous étaient blessés, d'autres plus ou moins grièvement contusionnés.

« Parcourant la côte, jonchée de débris, nous ne tardâmes pas à y découvrir les six hommes de l'équipage qui manquaient à l'appel. Ils avaient péri durant la nuit. Nous les dépouillâmes de leurs vêtements devenus pour nous chose précieuse. N'ayant aucun moyen de les ensevelir, nous fûmes contraints de les laisser où ils étaient; les oiseaux de proie eurent bientôt dévoré leurs cadavres.

« En cherchant parmi les épaves, nous trouvâmes quelques morceaux de porc salé et un peu de biscuit: mais ce dernier, saturé d'eau de mer, était devenu presque immangeable. Toutefois nous crûmes prudent de l'emporter avec nous.

« Après avoir pris un peu de nourriture, nous gravîmes les falaises, et sur le versant opposé nous aperçûmes un port, que je supposai être celui de *Ross* ou *Sarah's-Bosom*.

« Je ne me trompais pas. Y étant descendus, nous y demeurâmes quelques jours; mais, y trouvant à peine de quoi nous nourrir, nous nous séparâmes en plusieurs bandes pour explorer l'île.

« Depuis cette époque je n'ai plus revu aucun de ceux qui s'étaient aventurés à la recherche d'un endroit plus favorable. Il est probable qu'ils ont péri, épuisés par la fatigue et par le manque de nourriture.

« Mon second et quatre des matelots étaient restés avec moi à *Port-Ross*.

« J'avais trouvé sur moi quelques allumettes, contenues dans une petite boîte en métal; mais l'eau de mer y avait pénétré et je dus attendre qu'elles fussent séchées avant de pouvoir m'en servir. Durant ce temps nos vêtements, encore humides, nous faisaient beaucoup souffrir du froid. Enfin nous pûmes allumer du feu et nous réchauffer.

« Couchant sous des troncs d'arbres, comme des bêtes fauves, nous restâmes plusieurs mois à *Port-Ross*, où nous vécûmes tant bien que mal de lépas ou d'autres coquillages, ainsi que d'un peu de poisson pris de temps en temps sous les roches à marée basse. Nous étions très heureux lorsque nous rencontrions un lion de mer, que nous tuions à l'aide de gourdins coupés avec nos couteaux de poche. Malheureusement ces amphibies étaient fort rares.

« Avec leurs peaux, que nous avions soin de faire sécher, et quelques branches d'arbres, nous construisîmes une sorte de pirogue, sur laquelle nous traversâmes le petit détroit qui sépare l'île Auckland de l'île Enderby. Nous trouvâmes dans cette dernière une quantité de lapins, apportés là sans doute par les colons de l'établissement Enderby en 1848. Nous nous y établîmes et fîmes la chasse à ces animaux, qui nous fournirent les moyens de prolonger notre existence.

« Des quatre matelots restés avec moi, trois étaient morts à peu d'intervalle l'un de l'autre, et il ne restait plus de notre petite troupe qu'un matelot, le second et moi. Après leur décès ils furent ensevelis au fond d'une anse, sur le bord de la mer, où il se trouve une plage de sable qu'il nous fut facile de creuser.

« Peu à peu nous recueillîmes assez de peaux de phoques pour en construire une petite hutte, semblable à celle des Esquimaux, mais qui ne nous protégeait que bien imparfaitement contre les pluies continuelles et les rigueurs de cet affreux climat.

« De temps à autre, nous traversions le détroit dans notre petit canot, et allions à *Port-Ross*, voir si nous n'y trouverions pas quelque lion de mer ou bien des traces récentes de nos autres compagnons.

« Douze mois se passèrent de la sorte. Un jour, durant une de nos excursions à *Port-Ross*, nous y vîmes entrer un navire. Le pavillon espagnol flottait à son pic. Il jeta son ancre dans *Lawrie-Cove*.

« Jamais spectacle plus agréable ne s'était offert à nos regards. Poussant un cri de joie, nous lançâmes la pirogue que nous avions halée sur la plage, et, saisissant nos palettes, nous nageâmes avec vigueur.

« On nous avait aperçus du navire; la bizarrerie de notre accoutrement avait attiré l'attention de l'équipage, que nous pouvions voir groupé sur l'avant, occupé à nous regarder. Les officiers, assemblés à l'arrière, nous observaient aussi à l'aide d'une longue-vue.

« Un moment après, nous montions sur le pont du bâtiment. Nous y fûmes reçus par le capitaine, qui s'informa tout d'abord des circonstances qui nous avaient mis dans une si déplorable situation. Nous lui contâmes notre histoire. Les officiers et l'équipage s'étaient groupés autour de nous; mais les premiers seuls connaissaient assez bien l'anglais pour nous comprendre. Toutefois notre récit fut bientôt traduit à ceux qui ne parlaient pas cette langue, et dès ce moment nous fûmes accueillis par tous avec les marques de la plus chaude sympathie.

« Le capitaine donna aussitôt des ordres pour qu'on pourvût à tous nos besoins, et ce fut à qui montrerait le plus de zèle pour les exécuter. Notre compagnon, le matelot, trouva sa place parmi ses confrères du gaillard d'avant, qui lui prodiguèrent à l'envi tous les soins que réclamait son état de faiblesse.

« Quant au second et à moi, le capitaine nous offrit l'hospitalité dans la cabine où, durant le temps que nous restâmes ensemble, ses officiers et lui nous traitèrent avec beaucoup d'égards et nous témoignèrent une cordiale amitié.

« Cet acte d'humanité, auquel s'est mêlé tant de bienveillance, tant de générosité de la part de ceux qui n'étaient pas nos compatriotes, ne s'effacera jamais de ma mémoire; je n'ai pas, dans toute ma vie, de plus précieux, de plus cher souvenir.

« Ce navire était un brick espagnol revenant de Chine et allant à Valparaiso. Il était vieux et, ayant éprouvé des gros temps, il faisait beaucoup d'eau. Depuis plus de deux semaines, l'équipage n'avait pu quitter les pompes, il était exténué de fatigue. Le capitaine avait songé à relâcher à *Port-Ross*, où il pensait trouver les gens de MM. Enderby; il ne se doutait pas que cet établissement de pêche avait été abandonné depuis longtemps.

« Une fois en rade, le navire ne fit presque plus d'eau, ce qui permit à l'équipage de se reposer pendant plusieurs jours : après quoi, ayant levé l'ancre, nous remîmes à la voile et cinglâmes vers Valparaiso, où nous débarquions quelques semaines plus tard.

« Peu de temps après, je pris passage sur la malle pour me rendre en Angleterre, où, grâce à Dieu, je suis arrivé depuis quelques jours, mais avec une santé tellement altérée, que je crains bien d'être forcé d'abandonner pour toujours ma profession. »

II

**NAUFRAGE DU « GÉNÉRAL GRANT ».
SOIXANTE-HUIT MORTS. — DIX SURVIVANTS PRISONNIERS
PENDANT DIX-HUIT MOIS DANS UNE ILE DÉSERTE.**

La relation suivante de la perte du *Général Grant* a paru dans les journaux de la Nouvelle-Zélande; les détails sur le chargement et les passagers sont extraits des journaux de Melbourne.

« Encore une fois on reçoit la nouvelle d'un naufrage désastreux, accompagné de morts d'hommes, aux îles Auckland. Dans la matinée du 10 janvier, un télégramme annonça l'arrivée au Bluff du brick baleinier *Amherst*, capitaine Gilroy, portant à bord dix personnes (dont une femme), les seuls survivants de l'équipage et des passagers du navire *Général Grant*, parti de Melbourne pour Londres, en mai 1866, avec une précieuse cargaison de laine, de peaux et d'or. Le récit fait par les survivants ressemble, sauf la lutte terrible avec les éléments, à cet autre épouvantable épisode maritime, la perte du *London*. Par suite de l'une de ces étranges combinaisons de circonstances que l'habileté humaine est impuissante à maîtriser, un noble navire, monté par un excellent équipage, a dérivé comme un radeau sur les côtes des Auckland, non pas pour se briser en atomes contre les remparts presque interminables de rochers qui les entourent, mais pour s'enfoncer dans une crevasse d'origine volcanique sur les parois de laquelle la coque se brisa avant de sombrer.

« Un grand cri s'éleva, dit un des survivants, et ils n'étaient « plus. » Il voulait parler de ces quarante ou cinquante êtres vivants.

« On suppose que la partie la plus précieuse de la cargaison du *Général Grant* pourra être sauvée, l'eau qui remplit la grotte étant parfois comparativement calme. La perte du navire est attribuée à ce que les ancres et les chaînes se trouvaient arrimées dans la cale.

RELATION DES SURVIVANTS

« Le *Général Grant*, de 1200 tonneaux, capitaine William Herby Longhin, quitta la baie d'Hobson le 4 mai 1866, avec un chargement complet de passagers. Rien de particulier jusqu'au 13. Ce jour-là, vers dix heures, on signala à l'avant une terre que l'on supposa être l'île du Désappointement. Nous marchions est-quart-nord ; le vent soufflait à peu près du sud-ouest. La nuit était très sombre. Nous portâmes au sud-est pendant environ une heure ; puis nous courûmes de nouveau à l'est. Vers onze heures nous avions les îles Auckland droit à l'avant. Le navire alors louvoya. Le vent était faible, la mer courte et mauvaise ; à peine du sillage. Nous restâmes bâbord amures pendant près de deux heures, pendant lesquelles nous portâmes continuellement vers la terre. Le navire heurta les roches perpendiculaires, et perdit le foc de boute-hors. Il cula ensuite pendant un demi-mille, jusqu'à une pointe de terre en saillie où furent enlevés le guy d'artimon et le gouvernail. L'homme placé à la roue eut plusieurs côtes cassées. Après quoi le navire fit capot droit vers la terre, et enfin s'enfonça dans une grotte d'environ 250 yards (228 mètres de longueur). Le mât de misaine, frappant contre la voûte de la grotte, se brisa au ras du pont et tomba, entraînant avec lui le grand mât, le beaupré et le bossoir. En même temps se détachèrent de gros quartiers de roc qui défoncèrent le gaillard d'avant. Le navire resta dans cette position désespérée pendant toute la nuit, sans cesser de battre le rocher, avec 25 brasses d'eau sous la poupe. Au point du jour nous commençâmes à parer les canots. Jusqu'à ce moment le plus grand ordre n'avait cessé de régner. En raison de la marée, des vagues, du vent qui s'était levé et qui devenait de plus en plus fort, et de l'eau qui envahissait le tillac, les dames passagères furent descendues dans les canots. Mme Jewel, la maîtresse d'hôtel, bien que maintenue par le cartahu, tomba dans l'eau. Teer la rattrapa; mais la mer était si grosse qu'il ne pouvait la faire passer à bord. Jewel (son mari) sauta du navire, nagea vers les canots et parvint à y réintégrer sa femme. Allen et Caughey, passagers, suivant l'exemple de Jewel, atteignirent le canot sains et saufs. Le grand canot flottait alors sur le tillac, et la mer balayait la poupe. Le gig sortit pour doubler les brisants, et cinq hommes montèrent dans la pinasse. Le premier lieutenant tenta de revenir vers le navire; à ce moment le grand canot, chargé de quarante personnes au moins, quittait, par la poupe, le navire, qui s'enfonçait rapidement. Il s'avança d'environ 50 yards, mais ne put doubler l'entrée; en conséquence du remous des vagues qui venaient de frapper le roc, il fut bientôt plein d'eau et sombra, laissant sa cargaison humaine se débattre avec les vagues. Ashorth, Hayman et Sanguily atteignirent les brisants à la nage et furent recueillis par les canots. La dernière fois que nous aperçûmes le capitaine, il était perché sur le mât d'artimon, avec un matelot auprès de lui, et agitait son mouchoir : à ce moment le navire disparut sous l'eau. Sur un espace considérable, de chaque côté de la grotte, les parois, complètement perpendiculaires, atteignaient une hauteur de plusieurs centaines de pieds; en beaucoup d'endroits elles surplombaient la cavité.

« Le mélancolique récit entre ensuite dans des détails relatifs aux difficultés qu'éprouvèrent les naufragés survivants pour atterrir, et à l'extrême rareté des vivres. Trois semaines furent employées à chercher un abri et à relever minutieusement les côtes, orientale et méridionale, de l'île Adam. En fouillant les anciens campements, ils découvrirent deux vieilles limes et un morceau de silex, trouvaille d'une immense valeur, puisqu'elle leur permettait dorénavant de ne pas veiller incessamment à ce que le feu ne s'éteignît pas. Le 8 décembre, après plusieurs visites à Port-Ross, la pinasse revint du Détroit (de Musgrave); on avait l'intention de l'équiper et d'essayer d'atteindre avec cette embarcation la côte de la Nouvelle-Zélande. Pendant leur séjour de huit mois, un bouledogue (oreilles coupées) et d'autres chiens s'approchèrent de la hutte; on supposa que ces chiens n'habitaient pas l'île depuis longtemps. La pinasse, qui avait 22 pieds de longueur sur 5 pieds 4 pouces de profondeur, fut pontée avec des peaux de phoques. Les voiles furent confectionnées avec de la vieille toile qui avait servi de revêtement à la hutte de Musgrave, et on y embarqua les approvisionnements suivants : la chair d'une chèvre (marquée AS sur la corne) et deux chevreaux pris sur l'île Enderby ; une quantité de viande de phoque fumée, quelques douzaines d'œufs d'oiseaux de mer, sept boîtes de conserves en fer-blanc contenant du bouillon et du bœuf — que l'on avait gardées jusque-là en prévision de cette traversée, — et de l'eau douce dans des outres de peau de phoque. Tout étant prêt, le 22 janvier 1867, Barthélemy Crown, premier officier, William Newton Scott, André Morisson et Pierre M'Nexen, matelots, quittèrent Port-Ross, sans boussole, sans carte, sans instruments nautiques d'aucune sorte, avec l'intention désespérée de gagner les côtes de la Nouvelle-Zélande. Le nombre des naufragés se trouva dès lors réduit à onze. Le 6 octobre, une voile parut à l'ouest ; le canot fut lancé à sa rencontre, et l'on alluma des feux de signaux. Par exception, le jour était beau et clair. Il semblait aux gens du canot, aussi bien qu'à ceux restés à terre, qu'il était impossible de ne pas les apercevoir, la distance ne dépassant pas quelques milles. Le vent fraîchit et le navire s'éloigna. Les feux furent conservés allumés toute la nuit, mais inutilement. À la suite de ce désappointement on résolut de s'établir dans l'île Enderby, d'où il était plus facile de surveiller le passage des navires. Dans l'intervalle on ramassa de vieilles planches sur la plage et dans une ancienne station de baleiniers. Le 8 mars, les naufragés passèrent sur l'autre île et y construisirent deux huttes. On éleva de hautes piles de bois pour allumer les feux destinés aux signaux et on décida qu'une vigie surveillerait constamment le large, du matin au soir, jusqu'au jour de la délivrance. Dans une visite faite à la pointe nord-ouest de l'île, à une baie connue des marins sous le nom de Faith-Harbour (havre de la Foi), dans le but de recueillir des planches, on découvrit, pour la première fois, des voies de porc et on captura un cochon de lait. A une seconde visite, on en prit un autre, mais on dut, pour cela, employer un meilleur moyen que la chasse à courre. Les naufragés occupaient tout leur temps à chasser pour vivre, à guetter l'arrivée des navires, à expédier en mer des messagers, à fabriquer de la literie et des vêtements, bonnets, surtouts, pantalons, souliers (mocassins), chemises, y compris un attirail complet pour la maîtresse d'hôtel, le tout en peau de phoque. En août 1867, David E'Lellan tomba malade; il mourut le 3 septembre; il avait soixante-deux ans. Avant sa mort il déclara qu'il était natif d'Ayr, en Écosse, que sa femme et sa famille habitaient Glasgow, et qu'il était primitivement employé chez MM. Told et M'Greggor, en qualité de contremaître et de gréeur. Le 10 novembre, le guetteur aperçut une voile à quelque distance au large. Malheureusement le canot était parti, en quête de provisions. On alluma des feux, qui, selon toute apparence, ne furent pas aperçus, et le navire passa dans la direction du sud et de l'est. Le 21 on signala un nouveau navire courant le long de la côte orientale, vers l'île Enderby. Le canot s'y rendit immédiatement. C'était le brick *Amherst*, du port de Bluff, capitaine Gilroy. Un des naufragés s'exprime ainsi : « Quand nous approchâmes, on nous jeta une ligne et nous montâmes « à bord. La parole est impuissante à exprimer les sentiments de joie « que nous ressentîmes en nous voyant ainsi délivrés des misères et des « privations que nous avions supportées pendant une longue période « de dix-huit mois. » L'*Amherst*, sous des grains violents, se dirigea vers le Sein-de-Sarah (*Sarah's-Bosom*) ou Port-Ross, et y jeta l'ancre après le coucher du soleil. Le lendemain matin, le vent étant légèrement tombé, un canot fut expédié pour recueillir les naufragés survivants. Le capitaine Gilroy et tout son équipage se montrèrent, pour ces malheureux, pleins de bienveillantes attentions, et leur prodiguèrent les secours dont ils avaient tant besoin. On croit que les naufragés partis dans un canot pour la Nouvelle-Zélande se sont perdus.

« Parmi ceux qui sombrèrent avec l'infortuné navire, se trouvaient M. et Mme Ray. M. Ray, natif de Carlisle, avait fait son apprentissage comme menuisier chez M. Creighton, et, avant de s'expatrier, s'était associé avec son beau-frère, M. David Hall, de Crown Jun, Botchergate. Mme Ray appartenait à la famille Ibbotson, d'Eamont Bridge, Penrith. Avant de s'embarquer pour cette malheureuse traversée, les deux époux avaient résidé, durant quelques années, dans l'Australie méridionale. Ils étaient venus dans cette colonie sur le *Standard*, de

Londres, et y arrivèrent en octobre 1853. M. Ray était constructeur de son métier; mais il s'établit aubergiste à Adélaïde jusqu'en 1858, époque à laquelle il fonda l'hôtel *Corie*, à Goolwa, qu'il conserva jusqu'à son départ de la colonie. Son établissement passait pour le mieux tenu de tout le Sud, et lui-même était fort considéré par tous les habitants de ce district. Il prit une part active à tous les mouvements populaires qui se produisirent dans son voisinage, et contribua puissamment à la formation, en 1859, de la compagnie de carabiniers volontaires de Goolwa, dont il fut nommé lieutenant. M. et Mme Ray n'avaient pas de parents dans la colonie; ils n'avaient qu'un enfant, encore vivant, qui, sur l'avis des médecins, fut laissé en Angleterre quand son père et sa mère partirent pour l'Australie. Grâce au soin et à l'habileté avec lesquels il avait conduit ses affaires, M. Ray avait acquis une honnête indépendance, et nous croyons savoir qu'il ne se rendait en Angleterre que pour y chercher son fils et le ramener avec lui, après un court séjour dans la mère patrie. En août dernier, un jugement probatif de son testament fut rendu par la Cour suprême, sur la présomption de sa mort et de celle de sa femme, présomption que viennent malheureusement confirmer les nouvelles que nous publions aujourd'hui. »

III

LES LIONS MARINS

Ayant été à même, durant mon séjour aux Auckland, de voir de près les *phoques à crinière* ou *lions marins*, de vivre pour ainsi dire dans leur intimité, je ne crois pas inutile de relater ici ce que l'expérience m'a appris sur la nature et sur les mœurs de ces animaux.

Les mâles adultes sont généralement de couleur brune. Depuis les épaules jusqu'à l'extrémité postérieure du corps ils sont couverts d'une fourrure courte, lisse, très serrée. Ils ont de six à sept pieds de longueur, et de six à huit de tour, selon qu'ils sont plus ou moins gras, à l'endroit des épaules. Leur poids est communément de cinq à six cents livres. Celui que nous tuâmes à l'île Campbell le jour de Noël, et qui avait acquis un embonpoint extraordinaire, ne devait pas peser moins de six cents kilos. Une épaisse crinière de poils rudes entoure leur cou et s'étend jusque sur leurs épaules. Lorsqu'elle est sèche, les poils qui la composent, longs de quatre à cinq pouces, se dirigent en arrière en décrivant une courbe. Les lions de mer ont la faculté de la hérisser quand ils le veulent, et ils ne manquent jamais de le faire lorsqu'ils se préparent au combat ou qu'ils sont surpris dans leurs moments de repos. J'ai souvent vu de ces animaux, réveillés tout à coup par notre approche, se redresser fièrement sur leurs nageoires antérieures et se ramasser sur eux-mêmes dans l'attitude d'un chien assis sur ses pattes de derrière. La partie basse de leur corps cachée par les grandes herbes, la tête haute, le regard farouche, fixé sur l'objet de leur surprise, la crinière hérissée, la lèvre frémissante et montrant par moments leurs formidables canines, ils avaient toute l'apparence du lion, dont ils n'étaient pas indignes de porter le nom. S'ils avaient eu autant d'agilité que de hardiesse et de force, ils n'auraient pas été moins redoutables que lui.

Leur voix est forte et sonore. Elle s'entend à quatre ou cinq milles de distance.

Leurs yeux, grands, ronds et de couleur verdâtre, paraissent très sensibles à l'action de l'air. Hors de l'eau, ils sont toujours larmoyants. On a dit et répété qu'ils ont la vue très perçante : dans la mer, où ils ont à chercher leur proie, je le crois; mais sur la terre, j'ai eu mainte fois l'occasion de constater le contraire.

L'ouïe chez eux n'est guère meilleure. Leurs oreilles sont très petites, pointues; lorsque l'animal est dans l'eau, elles se replient de façon à empêcher l'introduction de l'élément liquide.

Quant à l'odorat, il est le plus subtil de leurs sens. C'est lui qui fait le guet et qui, même pendant leur sommeil, les avertit de l'approche du danger. Le nez est large, camard, bien développé.

La lèvre supérieure, massive et charnue, est ornée, de chaque côté, de trente poils, durs comme de la corne, ayant chacun un décimètre de longueur environ sur quatre millimètres de circonférence à la base, et se terminant en pointe : quelques-uns de ces poils sont marqués de veines transparentes, qui rappellent celles de l'écaille.

La gueule, énorme, est armée de fortes canines, comme chez les grands carnassiers.

C'est vers les premiers jours de novembre que les mâles, alors fort gras, arrivent dans les baies; ils y demeurent jusqu'à la fin de février. A ce moment ils gagnent les côtes extérieures et cèdent la place aux femelles et aux jeunes, qui restent plus longtemps.

A leur arrivée, chacun d'eux choisit un endroit facile à aborder, dont il prend possession et qu'il regarde comme sa propriété; il ne s'en éloigne jamais beaucoup, même pour aller chercher sa nourriture. Ils ne tardent pas à maigrir, et à la fin de leur séjour ils ont beaucoup diminué de volume. Ils ne permettent qu'aux femelles d'entrer sur

Lions marin (mâle et femelle).

leur territoire, qu'ils défendent à outrance contre les invasions des autres mâles. De là des combats, dans lesquels ils déploient une férocité et un acharnement extrêmes ; et, comme il y a beaucoup plus de mâles que d'endroits abordables, ces combats sont très fréquents.

Ordinairement ils ont lieu sur le rivage ; quelquefois cependant ils se livrent dans l'eau, qui alors est toute rougie de sang.

En été, lorsque les lions marins ne sont pas occupés à pêcher ou à se battre, on les voit étendus au soleil sur les plages de gravier, sur les pointes garnies de récifs, ou, si le temps est mauvais, parmi les grandes herbes du rivage.

Si, pendant qu'ils sont à nager, ils aperçoivent un homme sur la plage, ils sortiront de l'eau et viendront l'attaquer. Que l'homme se mette à fuir, ils le poursuivront. Dans ces occasions, leurs mouvements sont singuliers. Ils ramènent vivement l'extrémité de leur corps contre leurs nageoires antérieures et se projettent en avant ; ils sautillent ainsi avec une vitesse dont on ne les croirait pas capables. Mais si l'homme poursuivi se retourne tout à coup pour leur faire face, ils s'arrêtent aussitôt et regardent quelques instants leur adversaire d'un air étonné avant de fondre sur lui. C'est le moment favorable. Fixez votre regard sur celui de l'animal et, sans hésiter, avancez droit sur lui assez près pour pouvoir le frapper de votre gourdin sur la tête, juste entre les deux yeux. Si vous le touchez en cet endroit, vous aurez facilement raison de lui. Quand on le manque, on ne fait qu'exciter sa fureur ; le mieux est de l'éviter par un brusque détour et de lui laisser le champ libre pour retourner à la mer. Il nous est souvent arrivé de perdre un de nos bâtons saisi entre les fortes mâchoires du monstre et immédiatement broyé.

L'animal que l'on a frappé sans le tuer deviendra défiant et ne sortira plus aussi facilement de l'eau pour venir à votre rencontre. Sa crainte se communique même aux autres phoques du voisinage.

Il y a pourtant un moyen assez efficace de les décider à venir sur le rivage. C'est de se cacher dans les grandes herbes ou derrière un rocher et d'imiter le beuglement de la femelle. Le lion répondra à votre appel et s'avancera jusque tout près de votre cachette.

Les femelles sont beaucoup plus petites que les mâles et n'ont pas de crinière. Leur couleur varie suivant leur âge. De un à deux ans, elles sont d'un gris clair à reflets argentés. L'année suivante, le gris devient plus mat et se parsème, sur le dos de l'animal, de taches légèrement fauves qui bientôt se rejoignent et forment une teinte uniforme d'un jaune doré. Peu à peu cette teinte perd son brillant, devient de plus en plus rousse et finit par être presque brune quand la lionne est vieille.

Elles arrivent au commencement de novembre, en même temps que les mâles, mais elles ne quittent les baies qu'au mois de juin. Elles ont soin de choisir les côtes basses et boisées, qui leur offrent à la fois un accès facile et un sûr abri. A cette époque on les rencontre séparément dans l'épais fourré, qu'elles parcourent en tous sens, à la recherche d'un endroit favorable pour mettre bas. Il arrive que, ne trouvant pas ce qu'elles désirent sur le littoral, elles vont faire leur nid jusque sur le flanc des montagnes, parmi les grandes touffes d'herbes. Dans le courant de décembre elles donnent naissance à un petit; elles n'en ont jamais, du moins à ma connaissance, plus d'un à la fois.

Au bout de peu de jours elles attirent leur nourrisson hors du nid par des beuglements réitérés : elles le conduisent ainsi au rivage, le plus souvent sur une langue de terre basse et étroite. Là elles lui donnent à téter, le caressent et entreprennent de le décider à entrer dans la mer : tâche difficile, car ces animaux, chose singulière, ont, dans leur bas âge, une grande antipathie pour l'eau. Rien n'est plus amusant à voir que les moyens employés par les femelles pour les engager à s'y plonger.

D'abord la mère se met elle-même à nager très doucement et tout près du bord; ses beuglements modulés et continus, dans lesquels perce une vive tendresse, invitent le jeune phoque à imiter son exemple. Vains efforts! le nouveau-né s'obstine à rester sur la plage où il se démène sans approcher de l'eau; il se contente de répondre de sa voix grêle aux appels de sa mère. Cependant, après bien des hésitations, il s'enhardit un peu, il s'avance jusqu'à la mer; mais à peine y a-t-il trempé une nageoire, qu'il la retire et recule avec les marques de la plus grande répugnance. La lionne alors revient à terre, caresse son petit, l'encourage du mieux qu'elle peut à renouveler sa tentative.

Il se passera peut-être une heure ou deux avant que le jeune phoque se décide à faire un second essai, qui n'aura pas plus de résultat que le premier. Ce n'est qu'au bout d'un, de deux et quelquefois de trois jours qu'il parviendra à surmonter ses craintes et à se mettre tout à fait à l'eau.

Mais alors une nouvelle difficulté se présente : il ne sait pas nager ; il est dans la situation d'un petit garçon qui, à sa première leçon de natation, se trouve tout à coup plongé dans une eau profonde où il n'a pas pied. Il a peur, il se débat piteusement et, d'une voix glapissante, presque étouffée par l'eau qu'il avale, il demande du secours. Sa mère est là, qui ne le perd pas de vue; elle arrive, se glisse sous lui, le prend sur son dos, puis, nageant avec précaution, toujours à la surface, elle se dirige vers l'isthme ou l'îlot où elle veut le mener pour achever son apprentissage.

Les jeunes phoques de l'année, réunis en bandes nombreuses sur ces îlots ou ces isthmes, y demeurent pendant plusieurs mois. A mesure qu'ils grandissent, ils deviennent plus hardis, et s'aventurent plus loin du rivage, commencent à prendre du poisson, en un mot se familiarisent avec le genre de vie auquel la nature les a destinés. Vers les premiers jours de juin ils cessent de téter et émigrent avec leurs mères; ils vont rejoindre les mâles sur les côtes extérieures de l'île. Au mois de novembre ils reviennent tous ensemble, mâles, femelles et jeunes, s'installer, comme l'année précédente, dans les baies.

PIÈCE JUSTIFICATIVE

TEXTE ORIGINAL

MELBOURNE MUSEUM
AND PUBLIC LIBRARY

February 28th 1866.

Sir,

The Trustees of the Melbourne Public Library have the honour to acknowledge the receipt of the Work and articles — enumerated below — presented by you to the Institution : for which they offer you their grateful thanks. They beg to inform you that they have ordered that your name be enrolled on the Records as a contributor to the Collection.

I have the honour to be,

Sir,

Your obedient servant,

Augustus Pulk,

Librarian.

1° *Cast away at the Auckland Isles*, 1 vol. in-8;
2° Pair of blacksmith's bellows made of seal-skin at the Auckland Isles;
3° One pair of boots made of seal-skin tanned at the Auckland Isles;
4° One piece of seal-skin tanned at the Auckland Isles;
5° One needle made of bone from an albatros wing.
The whole made by F. E. Raynal, Esquire.

TRADUCTION FRANÇAISE

BIBLIOTHÈQUE ET MUSÉE DE MELBOURNE

28 février 1866.

Monsieur,

Les administrateurs de la Bibliothèque de Melbourne ont l'honneur de vous accuser réception de l'ouvrage et des articles — énumérés ci-dessous — dont vous avez fait hommage à cet établissement et pour lesquels ils vous offrent leurs sincères remerciements. Ils me chargent de vous informer qu'ils ont donné l'ordre d'inscrire votre nom au nombre de ceux des donateurs qui ont contribué à nos collections.

J'ai l'honneur d'être, Monsieur,

Votre obéissant serviteur,

Augustus Pulk,
Bibliothécaire.

1° Un vol. in-8° (journal du capitaine Musgrave) intitulé *Cast away at the Auckland Isles*;
2° Une paire de soufflets de forge faits avec des peaux de phoque aux îles Auckland;
3° Une paire de souliers en peau de phoque;
4° Un morceau de peau de phoque tannée aux îles Auckland;
5° Une aiguille faite d'un morceau d'os pris à une aile d'albatros.
Les quatre derniers objets ont été faits par M. F.-E. Raynal.

TABLE DES GRAVURES

		Pages.
1.	Nous demeurâmes accrochés au grand mât pendant toute la nuit.	19
2.	Une partie de la voûte s'effondra sur moi	23
3.	L'équipage du *Grafton*.	35
4.	Harry fut recueilli et placé dans l'embarcation.	39
5.	Nous dûmes nous servir de nos bâtons pour obliger les albatros à quitter leurs nids.	49
6.	La tête relevée par des oreillers, je puis, sans me fatiguer, jouir du coup d'œil.	53
7.	Alick grimpa sur un rocher plus élevé.	61
8.	Étant liés l'un à l'autre, nous aurions été perdus tous deux.	65
9.	Bientôt un joyeux pétillement éclata	69
10.	Je me jetai à genoux sur le sol humide.	73
11.	Puis nous nous étendîmes par terre	77
12.	J'allumai un grand feu et je fis tourner le rôti.	87
13.	En trois marées George et Alick eurent enlevé assez de cuivre.	95
14.	L'île Monumentale	99
15.	Ils se mirent à ramper dans l'étroit conduit	109
16.	Le signal.	113
17.	J'abattis vingt-six cormorans	117
18.	La chaumière des naufragés.	121
19.	La bête, étonnée, se retourne.	125
20.	Je réussis à prendre plusieurs poissons.	133
21.	Je pris mon fusil et tirai sur la femelle presque à bout portant.	141
22.	Nous avions ramassé une assez grande quantité de moules.	155
23.	Serrés les uns contre les autres, nous passâmes la nuit derrière un rocher.	159

	Pages.
24. Nous lûmes quelques passages de la Bible	167
25. Lion de mer avec sa famille.	175
26. Mon bâton siffle et s'abat sur sa tête	183
27. George marchait en tête avec la lanterne.	187
28. Notre position était des plus critiques.	193
29. Musgrave était immobile, tenant mon fusil et prêt à tirer.	197
30. Je commençai ma première paire de souliers.	205
31. Alick remplissant ses fonctions de charbonnier	215
32. « A l'œuvre ! battons le fer pendant qu'il est chaud ! ».	221
33. Nous pûmes commencer le bordage de l'embarcation.	229
34. Lancement de la barque.	233
35. Un instant après, nous nous embrassions sur la plage	237
36. Une lame enveloppa l'esquif et le roula comme un bouchon.	241
37. On nous aide à sortir de la barque, on nous soutient sous les bras.	247
38. Harry nous aperçut le premier.	259
39. A peine y fûmes-nous entrés, que nous reculâmes d'effroi.	263
40. Lions marins (mâle et femelle).	289

TABLE DES MATIÈRES

                                                                                                          Pages.
INTRODUCTION 11

CHAPITRE I.

But de notre expédition. — La goélette *Grafton*. — Le départ. 27

CHAPITRE II.

Mes compagnons de voyage. — Un coup de mer. — Arrivée à l'île Campbell.   33

CHAPITRE III.

Inutilité de nos recherches. — Je tombe malade. — Nous quittons l'île Campbell 45

CHAPITRE IV.

Apparition des phoques. — Les îles Auckland. — Une nuit d'angoisse. — Naufrage. 55

CHAPITRE V.

Un moment de désespoir. — Notre campement. — Un duel de lions de mer. — Capture d'un de ces animaux. 67

CHAPITRE VI.

Les mouches bleues. — Nos oiseaux. — Premier rôti de phoque. — Projet de bâtir une maison. — La prière en commun. 83

CHAPITRE VII.

Construction de la charpente et de la cheminée de la cabane. — Visite au Bras de l'Ouest et à l'île Monumentale. 91

CHAPITRE VIII.

Achèvement de notre chaumière. — Je fabrique du savon. — Du haut de la montagne. — Érection d'un signal. — Les cormorans. 103

CHAPITRE IX.

Un massacre des innocents. — Notre ameublement. — Adoption d'un règlement. — L'école du soir. — Les jeux. 117

CHAPITRE X.

Une meule à repasser. — Les cartes. — Une tentation. — Visite à l'île Huit. — Le patriarche des phoques 137

CHAPITRE XI.

Établissement d'un autre signal. — Un nouveau mets. — Pourquoi je renonce à la bière. — Nos perroquets. — Des chiens dans l'île. 145

CHAPITRE XII.

Une nuit en plein air. — J'entreprends de tanner des peaux de phoque. 153

CHAPITRE XIII.

La neige. — Les lions de mer émigrent. — Mort de Sa Majesté Royal-Tom. — L'aurore australe. — Un tremblement de terre. 163

CHAPITRE XIV.

Excursion dans le Bras de l'Ouest. — Découverte d'un ancien campement. — Les épaves. 171

CHAPITRE XV.

Détresse. — Au fond du gouffre. — Une bonne journée. — Actions de grâces. 179

CHAPITRE XVI.

Le *pic de la Caverne*. — Nous sommes surpris par le brouillard. — Visite au *Havre du Centre*. — Les groseilles. — Une idée impraticable 191

CHAPITRE XVII.

Mes expériences d'apprenti cordonnier. — Conjectures désespérantes. — Retour de la belle saison. — Nos études géographiques 201

CHAPITRE XVIII.

Projet de délivrance. — Confection d'un soufflet de forge. — Dévouement de chacun à l'œuvre commune. 211

CHAPITRE XIX.

Fabrication de notre outillage. — Adoption d'un nouveau plan. 219

CHAPITRE XX.

Achèvement et lancement de la barque. — La séparation 227

CHAPITRE XXI.

Tourmente et famine. — Terre! — Débarquement à Port-Adventure. — Transport à Invercargill. 239

CHAPITRE XXII.

Musgrave retourne aux Auckland et ramène nos deux compagnons. — Récit de son voyage. — Le cadavre de Port-Ross. 253

CHAPITRE XXIII.

Départ pour Sydney. — Relâche à Port-Chalmers. — Explication du mystère de Port-Ross. — Mon retour en France. 267

APPENDICE

I

Relation du naufrage de l'*Invercauld* aux îles Auckland, par le capitaine Dalgarno. 275

II

Relation du naufrage du *Général Grant*. 284

III

Les lions marins. 287

Pièce justificative. 295

www.ingramcontent.com/pod-product-compliance
Lightning Source LLC
Chambersburg PA
CBHW071141160426
43196CB00011B/1962